Amerikanische Kurzgeschichten aus den achtziger Jahren in englisch-deutschem Paralleldruck:

– Ein junger Mann sieht eine Frau, die er irgendwie auf sich bezieht. Kommt sie aus dem Weltall? Er doch wohl auch. Kühl maßnehmend, spitz theoretisierend entwickeln die beiden eine Kurzgeschichte mit gutem Schluss.

– Ein Langzeit-Student versucht von seinem Vater loszukommen. Mühsames Geschäft. Da macht sich ein zehnjähriges Mädchen aus der Wohnanlage an ihn heran. Ist sie zu Hause bedroht? Oder...

– Ein Lehrer ertrinkt. Ist die Schülerin, die eine besondere Seelenverbindung mit ihm zu haben meint, auf geheimnisvolle Weise daran schuld?

– New York, Little Italy: Großvater Leone, Vater Placido, Sohn Leone – eine brave Kuchenbäckerfamilie, die gefährlich mit der Mafia in Berührung kommt.

– Anarchisten, alt geworden, bei ihrer Jahrestagung von netten Schülerinnen als Zeitzeugen interviewt, haben auch ein paar normale Menschlichkeiten untereinander auszutragen, zum Beispiel eine Art Liebesgeschichte, in letzter Lebensminute...

– Ein selbstverliebtes schickes Mädchen trifft jeden Sonntag beim Ritt im Central Park einen gut aussehenden jungen Reiter. Endlich spricht er sie an, aber...

– Eine schwarze Frau ist von ihrem weißen Mann geschieden. Einerseits befreit, andererseits tief gekränkt, wendet sie sich ihrer eigenen Familie zu. Sie entdeckt erstaunliche Zugehörigkeiten.

– Ein Gärtnerjunge, sanft und verträumt, ist mit seinem Karma und seinen Pflanzen im Einklang. Aber Menschen kommen nicht an ihn heran...

Ein paar tiefe Blicke ins aktuelle Amerika

dtv zweisprachig · Edition Langewiesche-Brandt

GUYS UNDER THEIR FEDORAS
American Short Stories

DIE MIT IHREN FILZHÜTEN
Amerikanische Kurzgeschichten

Übersetzung Carver, Gabriel, Sayles und Williams
von Ulrike Becker und Claus Varrelmann,
Übersetzung Hatley, La Puma, Tunstall und Walker
von Inge Weißmann

Deutscher Taschenbuch Verlag

Diese Erzählungen sind auf deutsch erstmals 1989 und 1990
in den dtv-Bänden 9263 und 9276 erschienen.
1. Auflage dieser Zusammenstellung: Juli 1998
Copyright-Nachweise Seite 211
Rechte an der Übersetzung:
Deutscher Taschenbuch Verlag GmbH & Co. KG, München
Umschlagkonzept: Balk & Brumshagen
Umschlagbild:
Life (1984) von John 'Crash' Matos
(Allan Finkelman / Sidney Janis Gallery, New York)
Satz: W Design, Höchstädt (Ofr.)
Gesamtherstellung: Kösel, Kempten
Gedruckt auf säurefreiem, chlorfrei gebleichtem Papier
ISBN 3-423-09372-2. Printed in Germany

Matt Cohen: The Nurse from Outer Space

Too many people, including you and me, sit around wondering whether we really come from outer space. Of course we come from outer space. It's time to stop wondering about it and start putting it all together. I have a friend called Arthur. Everyone has a friend called Arthur. It is a very common name. Arthur lives in a room in an empty house. He wakes up every morning at seven o'clock sharp. That is the way of the world.

One morning, when Arthur woke up, it was raining. He could hear the sound of rain dripping off the roof of his empty house. And, laid neatly on top of the sound of water, he could hear the spiky tapping of high heels. He sat up in his bed and looked out the window. A woman with an umbrella was walking in front of his house. She stopped at the corner, took a chocolate bar from her raincoat pocket, and ate it. When she was finished she threw the wrapper on Arthur's lawn and crossed the street.

The sound of her high heels faded off into the distance and Arthur lay down again on his bed. He listened to the rivers of water running from his roof onto the ground. Then he got out of bed and went down to the kitchen.

Like everyone from outer space Arthur is a terribly lazy person. He seldom works, his laundry is unspeakable, and most of the time he forgets to wind his watch. Although he has always known he was from outer space – his mother told him – Arthur has never really gotten hold of the fact. He could have made a career of it and dressed up in strange clothes and interviewed people. Or he could have gone into electronics and spent his evenings

Matt Cohen: Die Krankenschwester aus dem All

Zu viele Leute, du und ich eingeschlossen, sitzen da und fragen sich, ob wir wirklich aus dem All kommen. Natürlich kommen wir aus dem All. Es wird Zeit, dass wir aufhören darüber nachzugrübeln und dass wir anfangen uns einen Überblick zu verschaffen. Ich habe einen Freund namens Arthur. Jeder hat einen Freund namens Arthur. Es ist ein sehr häufiger Name. Arthur wohnt in einem Zimmer in einem leeren Haus. Er wacht jeden Morgen Punkt sieben auf. Das ist der Lauf der Welt.

Eines Morgens, als Arthur aufwachte, regnete es. Er hörte, wie der Regen vom Dach seines leeren Hauses tropfte. Und er hörte das spitze Klappern hoher Absätze, von dem die Melodie des Wassers elegant überlagert war. Er setzte sich im Bett auf und sah aus dem Fenster. Eine Frau mit einem Regenschirm ging an seinem Haus vorbei. An der Ecke blieb sie stehen, nahm einen Schokoladenriegel aus der Tasche ihres Regenmantels und aß ihn. Als sie fertig war, warf sie das Einwickelpapier auf Arthurs Rasen und überquerte die Straße.

Der Klang ihrer hohen Absätze wurde mit zunehmender Entfernung schwächer, und Arthur legte sich wieder auf sein Bett. Er hörte dem Wasser zu, das in Bächen vom Dach herab auf die Erde rann. Dann stand er auf und ging hinunter in die Küche.

Wie jeder aus dem All ist Arthur ein furchtbar fauler Mensch. Er arbeitet selten, seine Wäsche ist in erbärmlichem Zustand, und meistens vergisst er, seine Armbanduhr aufzuziehen. Obwohl er immer gewusst hat, dass er aus dem All stammt – seine Mutter hat es ihm gesagt – hat er es sich nie richtig klargemacht. Er hätte einen Beruf daraus machen, seltsame Kleidung tragen und Leute interviewen können. Oder er hätte ins Elektronik-Geschäft einsteigen und seine Abende mit der Konstruktion eines Radargerätes verbringen constructing a radar set. Instead Arthur evolved an entirely original hobby. He moves into empty houses and makes plans for interior decoration. Unfortunately he has no sense of color or proportion so his plans are completely uninteresting.

Jack Kerouac once wrote that you should open up your mind and let it all happen spontaneously: the muse takes care of her children. Arthur follows his advice. Talking to him is like taking a shower. Writing about him is like trying to compose the yellow pages from memory.

Down in the kitchen Arthur did what he always does in the morning. He drank orange juice, ate two pieces of toast, and had a cup of coffee. Then he went upstairs and put on his clothes. It was exactly seven thirty-three. Arthur, dressed and fed, went outside to pick the candy wrapper off his lawn. He put it in his pocket, brought it inside, and made another cup of coffee. Then he sat at the kitchen table and stared at the wall.

There are many reasons why people from outer space may have been placed on this earth. One possibility is that at some time in the future an alien ship is going to land and take over the earth. During the Christmas holidays I met an ex-priest who holds this view. He is from Newfoundland. His theory is that pollution and war and misery don't matter because everyone enjoys them and one day strange creatures will come from outer space and set things right. We are here to welcome them. When they arrive a switch will be thrown and we will all go into action. In the meantime we live awkward uncoordinated lives and appear to be parasites on the mundane world. That is all part of it.

But Arthur was not staring at the wall waiting for

können. Stattdessen hat Arthur ein gänzlich neuartiges Hobby entwickelt: er zieht in leere Häuser ein und macht Entwürfe für die Inneneinrichtung. Leider hat er keinerlei Sinn für Farben und Proportionen, so dass seine Entwürfe völlig uninteressant sind.

Jack Kerouac hat einmal geschrieben, man solle für alles offen sein und alles spontan geschehen lassen: Die Muse kümmert sich schon um ihre Schützlinge. Arthur folgt diesem Rat. Mit ihm sprechen ist, wie wenn man duscht. Über ihn schreiben ist, wie wenn man versucht, die gelben Seiten aus dem Kopf zu erstellen.

Unten in der Küche tat Arthur das, was er morgens immer tut. Er trank Orangensaft, aß zwei Scheiben Toast und trank eine Tasse Kaffee. Dann ging er nach oben und zog sich an. Es war genau sieben Uhr dreiunddreißig. Arthur, angezogen und gesättigt, ging nach draußen, um das Schokoladenpapier von seinem Rasen aufzuheben. Er steckte es in die Tasche, nahm es mit ins Haus und machte sich nochmal eine Tasse Kaffee. Dann setzte er sich an den Küchentisch und starrte die Wand an.

Es gibt viele Gründe, warum Leute aus dem All auf der Erde postiert worden sein können. Eine Möglichkeit ist, dass irgendwann in der Zukunft ein außerirdisches Raumschiff auf der Erde landet und die Macht übernimmt. In den Weihnachtsferien traf ich einen Ex-Priester, der diesen Standpunkt vertrat. Er stammte aus Neufundland. Nach seiner Theorie sind Umweltverschmutzung, Krieg und Elend völlig belanglos, weil sie allen Spaß machen und eines Tages sowieso fremde Wesen aus dem All kommen und alles in Ordnung bringen. Wir sind hier, um sie zu begrüßen. Wenn sie kommen, wird ein Hebel betätigt, und wir treten alle in Aktion. Bis es so weit ist, leben wir unser Leben ungeschickt und ohne Verbindung untereinander und gelten auf der irdischen Welt als Parasiten. Das gehört alles dazu.

Aber Arthur starrte nicht an die Wand, weil er darauf

the invisible switch to be thrown. The reason he is here on this earth is to do things that other Earthlings can't do. For example, Arthur fills up empty houses. He moves into them and makes all sorts of plans. The fact that the plans are terrible makes no difference: they represent love and it is Arthur's special knowledge that empty spaces need love. That is why they are empty.

It would be nice to write a sentimental story about Arthur's love of empty spaces. One could compose a sweet vignette about Arthur sitting on the edge of Lake Ontario filling the sky with love. Or Arthur in a subway. Or Arthur in a cigar store. But that is not the story that has to be written about Arthur; that is a nurse story and the only time I tried to write a nurse story I got stuck in the sex scene. How do nurses make love? Of course they make love like everyone else, but there must be some special imagery, some unique consciousness, some set of esoteric techniques that distinguish the way nurses make love. I am ashamed to admit it but I have never made love to a nurse. Neither had Arthur. He had never even met a nurse.

This is all getting very chatty. Chatty is something writing is not supposed to be. Good writing is tense, taut, evocative. Words bounce off each other like fleeing gazelles. My wife, who is not a chatty person, has the unfortunate quality of being a good listener. She says that while people are busily chattering away they send off little invisible cues which tell you how they want you to be. If you don't catch all those little cues then you are from outer space. If you do catch those cues you probably wish that you didn't.

wartete, dass der unsichtbare Hebel betätigt wurde. Er ist hier auf der Erde, um etwas zu tun, was andere Erdbewohner nicht tun können. So füllt Arthur beispielsweise leere Häuser. Er zieht ein und macht alle möglichen Entwürfe. Die Tatsache, dass die Entwürfe furchtbar sind, spielt keine Rolle: Sie bedeuten Liebe; was Arthur auszeichnet ist das Wissen darum, dass leere Räume Liebe brauchen. Darum sind sie leer.

Es wäre schön, eine rührende Geschichte über Arthurs Liebe zu leeren Räumen zu schreiben. Man könnte eine hübsche Miniatur verfassen, wie Arthur am Ufer des Ontario-Sees sitzt und den Himmel mit Liebe füllt. Oder über Arthur in der U-Bahn. Oder über Arthur in einem Zigarrenladen. Aber das ist nicht die Geschichte, die über Arthur geschrieben werden muss; die ist vielmehr eine Krankenschwester-Geschichte, und das einzige Mal, als ich versuchte, so eine Geschichte zu schreiben, bin ich in der Sex-Szene steckengeblieben. Wie machen es Krankenschwestern? Natürlich wie alle anderen auch, aber es muss doch besondere Fantasien geben, ein einzigartiges Bewusstsein, eine paar esoterische Techniken, die das Liebesleben von Krankenschwestern auszeichnen. Ich schäme mich, es zuzugeben, aber ich habe noch nie mit einer Krankenschwester geschlafen. Arthur auch nicht. Er war noch nicht einmal einer begegnet.

Ich werde geschwätzig. Geschwätzig ist etwas, was ein Text nicht sein sollte. Gute Texte sind spannend, knapp, anschaulich. Die Worte folgen aufeinander wie Gazellen auf der Flucht. Meine Frau, die kein geschwätziger Mensch ist, hat die unglückliche Eigenschaft, eine gute Zuhörerin zu sein. Sie sagt, dass die Menschen, während sie eifrig daherschwätzen, kaum wahrnehmbare Signale aussenden, die einem verraten, wie man ihrer Meinung nach sein sollte. Wer diese Signale nicht auffängt, kommt aus dem All. Und wer sie auffangen kann, wäre wahrscheinlich froh, es nicht zu können.

Arthur is so oblivious to the cues that even if you told him they were happening he wouldn't believe it. He would think that you were harassing him. Arthur always thinks that people are harassing him. He is always wrong. It is so absolutely obvious that Arthur is Arthur that it is pointless to try and get him to do anything. Even if you are a nurse.

Arthur yawned and rubbed his eyes. It seemed to him that he was waking up a little earlier every day. That is one of the benefits of being a man of property. He shifted in his chair; his movement made him aware of the wadded candy wrapper in his pocket. He took it out and spread it in front of him on the table. He read over the list of ingredients and noticed that most of them were chemical. Then he turned the wrapper over: in regular neat handwriting was a name and telephone number. Katherine Smith, R. N., 756-5123.

Another theory about outer space is that there are already many developed races who live on planets far from Earth. They have arranged an inter-galactic treaty which has as its basis a police force of robots. Any time someone commits aggression against someone else, a robot sees it and eliminates the aggressor. Arthur and I had watched a movie with the same plot on my television set. The point that the man from outer space was making, the point that the Earthmen were only barely able to comprehend, was that the Earth had now developed its technology to the point where it would soon be a menace to other planets. It is a scientific fact that if there were a city as big as New York on the surface of Mars, we would be able to see it from Earth.

Arthur ist derart unempfänglich für diese Signale, dass er es wahrscheinlich nicht einmal glauben würde, wenn man ihm sagte, dass da gerade welche kommen. Er würde glauben, man will ihn belästigen. Arthur glaubt ständig, dass die Leute ihn belästigen wollen. Er irrt sich jedesmal. Es ist so vollkommen offensichtlich, dass Arthur Arthur ist, dass es aussichtslos wäre, ihn zu irgend etwas bewegen zu wollen. Sogar für eine Krankenschwester.

Arthur gähnte und rieb sich die Augen. Es kam ihm so vor, als wenn er jeden Tag ein bisschen früher aufwachte. Das ist einer der Vorteile, wenn man ein vermögender Mann ist. Er rekelte sich auf seinem Stuhl. Die Bewegung machte ihn auf das zerknüllte Schokoladenpapier in seiner Tasche aufmerksam. Er zog es heraus und breitete es vor sich auf dem Tisch aus. Er las die Liste der Zutaten und stellte fest, dass die meisten davon chemisch waren. Dann drehte er das Papier um: in gleichmäßiger, sauberer Handschrift stand dort ein Name und eine Telefonnummer. Katherine Smith, R.N. 756-5123. [Registered Nurse: staatlich geprüfte Krankenschwester.]

Eine weitere Theorie über das Weltall besagt, dass es bereits mehrere Arten entwickelter Wesen gibt, die auf Planeten weit entfernt von der Erde leben. Die haben ein intergalaktisches Abkommen getroffen, welches sich auf eine Polizeitruppe von Robotern stützt. Immer wenn jemand einen anderen angreift, sieht es ein Roboter und schaltet den Angreifer aus. Arthur und ich hatten einmal bei mir einen Film mit dieser Handlung im Fernsehen gesehen. Der Standpunkt, den der Mann aus dem All vertrat (ein Standpunkt, den die Erdenmenschen kaum begreifen konnten), war der, dass die Erde ihre technischen Möglichkeiten jetzt so weit entwickelt hatte, dass sie bald eine Bedrohung für andere Planeten sein würde. Es ist wissenschaftlich erwiesen, dass, wenn es eine Stadt von der Größe New Yorks auf dem Mars gäbe, wir sie von der Erde aus sehen könnten.

Arthur got up from his chair and walked into the living room. The living room was absolutely empty. It had a bay window so it was even emptier than it might have been otherwise. He sat on the ledge of the bay window and looked out at the street. He tried to remember what the woman had looked like but could only recall the sound of her high heels counterpointing the rain. Considering that she was a prostitute, her handwriting was very neat. He had always thought that prostitutes were illiterate. But she was a nurse too. What kind of nurse would leave her name and telephone number where absolutely anyone could find it?

There was one significant clue. She had stopped and waited a few moments before crossing the street. Perhaps she had left it specifically for him. It wasn't impossible. She might live nearby and have seen him coming and going. Maybe she had even intended to knock on the door but had lost courage and left the wrapper instead. After all, it was a quiet neighborhood.

The most important rule to keep in mind when writing a short story is that every word must count. Every short story writer and every short story reader knows that rule and Arthur was no exception. He walked back into the kitchen to examine Katherine Smith's short story. It contained a name, a telephone number and the letters R. N. Her story was so economical that she had only needed two words, an abbreviation and a number to tell Arthur everything necessary. To demonstrate that she knew what she was doing she had written her whole story on the back of a candy wrapper and thus had not wasted even one piece of paper.

Arthur stand vom Stuhl auf und ging ins Wohnzimmer. Das Wohnzimmer war vollkommen leer. Es hatte ein Erkerfenster. Dadurch war es noch leerer, als es sonst vielleicht gewesen wäre. Er setzte sich auf den Sims des Erkerfensters und schaute hinaus auf die Straße. Er versuchte, sich ins Gedächtnis zu rufen, wie die Frau ausgesehen hatte, aber er erinnerte sich nur noch an das Klappern ihrer hohen Absätze als Kontrapunkt zum Regen. Für eine Prostituierte war ihre Handschrift sehr ordentlich. Er hatte immer gemeint, Prostituierte seien unkultiviert. Aber sie war ja außerdem Krankenschwester. Welche Krankenschwester würde wohl ihren Namen und ihre Telefonnummer an einem Ort hinterlassen, wo einfach jeder sie finden konnte?

Ein wichtiges Indiz gab es. Sie hatte innegehalten und einen Augenblick gewartet, bevor sie die Straße überquerte. Vielleicht hatte sie das Papier extra für ihn dagelassen. Das war nicht auszuschließen. Vielleicht wohnte sie in der Nähe und hatte ihn kommen und gehen sehen. Möglicherweise hatte sie sogar vorgehabt, an seine Tür zu klopfen, dann aber den Mut verloren und statt dessen das Schokoladenpapier hinterlassen. Schließlich war es eine gepflegte Wohngegend.

Die wichtigste Regel, die man beachten muss, wenn man eine Kurzgeschichte schreibt, ist die, dass jedes Wort zählt. Jeder Autor von Kurzgeschichten und jeder Leser von Kurzgeschichten weiß das, und Arthur war da keine Ausnahme. Er ging zurück in die Küche, um Katherine Smiths Kurzgeschichte zu untersuchen. Sie umfasste einen Namen, eine Telefonnummer und die Buchstaben R.N. Ihre Geschichte war so sparsam, dass sie nur zwei Wörter, eine Abkürzung und eine Telefonnummer brauchte, um Arthur alles Nötige mitzuteilen. Um zu zeigen, dass sie wusste, was sie tat, hatte sie die ganze Geschichte auf die Rückseite der Verpackung eines Schokoladenriegels geschrieben und so kein einziges Blatt Papier verschwendet.

When Arthur got to the phone booth he didn't hesitate. He walked inside, spread out the wrapper, and put in his dime. The woman answered on the second ring. She sounded very cool and self-possessed. "Hello," Arthur said. "Someone left a chocolate bar wrapper with your name and telephone number written on it on my front lawn. I thought you should know."

"I do know," the woman said. "I left it there myself."

"There is one thing you should be told."

"Tell me."

"It's too good to publish." He hung up and went out of the phone booth. It was eight-thirty in the morning. People were lined up at the bus stop waiting to go to work. People were walking up and down the street looking for an open store. Some of them carried empty shopping bags.

Arthur walked the two blocks back from the telephone booth and then he went upstairs to brush his teeth. When he had finished brushing his teeth, he decided to go downstairs again and finish his plans for the living room. It was a large room with a bay window which made it slightly emptier than it would have been otherwise. He wanted to line the walls with bookshelves and put a big gold and red rug in the middle of the floor. When he was half way down the stairs the doorbell rang. His visitor was a woman, the woman whom he had seen that morning, Katherine Smith, R. N. and short story writer. She looked about thirty-five, had faded blond hair and, Arthur thought, rather British features.

"Good morning. My name is Katherine Smith. May I come in?"

Als Arthur die Telefonzelle erreichte, zögerte er keinen Moment. Er ging hinein, breitete das Einwickelpapier aus und warf eine Münze ein. Die Frau nahm beim zweiten Klingeln ab. Sie klang sehr kühl und beherrscht. « Hallo », sagte Arthur, « da hat jemand ein Schokoladenpapier mit Irem Namen und Ihrer Telefonnummer auf dem Rasen vor meinem Haus liegen lassen. Ich dachte, das sollten Sie wissen. »

« Ich weiß es schon », sagte die Frau, « ich selber habe es da liegen lassen. »

« Ich muss Ihnen was dazu sagen. »

« Sagen Sie es. »

« Sie ist einfach zu gut, um veröffentlicht zu werden. » Arthur legte auf und verließ die Telefonzelle. Es war acht Uhr dreißig morgens. Einige Leute standen an der Bushaltestelle Schlange, um zur Arbeit zu fahren. Andere liefen die Straße auf und ab und suchten ein Geschäft, das schon offen hatte. Manche trugen leere Einkaufstaschen.

Arthur lief die zwei Blöcke von der Telefonzelle zurück und ging dann nach oben, um sich die Zähne zu putzen. Als er mit dem Zähneputzen fertig war, entschloss er sich, wieder nach unten zu gehen und die Entwürfe für das Wohnzimmer fertigzustellen. Es war ein großes Zimmer mit einem Erkerfenster, das es noch etwas leerer erscheinen ließ, als es vielleicht sonst gewesen wäre. Er wollte entlang den Wänden Bücherregale aufstellen und einen großen rotgoldenen Teppich in die Mitte auf den Fußboden legen. Als er die Treppe halb hinunter war, klingelte es an der Tür. Es war eine Frau, die Frau, die er am Morgen gesehen hatte, Katherine Smith, R. N. und Autorin von Kurzgeschichten. Sie sah aus wie etwa fünfunddreißig, hatte ausgeblichenes blondes Haar und, wie Arthur fand, ausgesprochen britische Gesichtszüge.

« Guten Morgen. Mein Name ist Katherine Smith. Darf ich hereinkommen? »

"Of course." Arthur led her through the empty dining room to the kitchen. "Would you like some coffee?"

"Thank you." The woman was wearing a light-colored raincoat, the same one she had been wearing before, and was carrying a purse. She hung the raincoat on the back of her chair and took some cigarettes from her purse.

Arthur didn't smoke but he had an ashtray. He put the ashtray on the kitchen table. Katherine Smith lit a cigarette, inhaled deeply, and set it in the ashtray. Arthur noticed that there were lipstick marks on the filter. He filled the kettle and turned on the stove.

People from outer space recognize each other but they seldom mention the subject until they are close friends. It sounds incredible but it's really no different than sex.

"Do you do a lot of revisions?" Arthur asked.

"Yes. Sometimes twenty or thirty. I'm getting sick of chocolate bars."

"How do you know which words to use?"

"They come to me in the night."

"What exactly is your *genre*?"

"Classified advertisements. Especially personals. Arthur call Katherine. All ist forgiven."

"Katherine, meet me at my house at nine o'clock, Arthur."

"Arthur: the kettle boils."

"I would have said the pot boils."

"That is the difference between a professional and an amateur. The difference between the vernacular and literature. In a word, the difference."

"What word?"

Katherine got up and made the coffee. She

«Natürlich.» Arthur führte sie durch das leere Esszimmer in die Küche. «Möchten Sie Kaffee?»

«Gern, danke.» Die Frau trug einen hellen Regenmantel, und zwar den selben, den sie letztes Mal getragen hatte, und hatte eine Handtasche dabei. Sie hängte den Regenmantel über die Stuhllehne und holte Zigaretten aus ihrer Handtasche.

Arthur rauchte nicht, aber er hatte einen Aschenbecher. Er stellte den Aschenbecher auf den Küchentisch. Katherine Smith zündete sich eine Zigarette an, inhalierte tief und legte sie in den Aschenbecher. Arthur bemerkte, dass Lippenstiftspuren auf dem Filter waren. Er füllte den Kessel und schaltete den Herd an.

Leute aus dem Weltall erkennen sich gegenseitig, aber sie erwähnen das Thema normalerweise erst, wenn sie gute Freunde geworden sind. Es klingt unglaublich, aber im Grunde ist es nicht anders als beim Sex.

«Schreiben Sie oft um?» fragte Arthur.

«Ja. Manchmal zwanzig- oder dreißigmal. Ich habe bald genug von Schokoladenriegeln.»

«Woher wissen Sie, welche Worte Sie verwenden sollen?»

«Sie fallen mir nachts ein.»

«Was genau ist Ihr *Genre*?»

«Private Kleinanzeigen, persönliche vor allem. Arthur, bitte Katherine anrufen. Alles ist verziehen.»

«Katherine, Treffpunkt um neun bei mir zu Hause, Arthur.»

«Arthur: Das Wasser im Kessel kocht.»

«Ich hätte gesagt, das Wasser im Topf kocht.»

«Das ist der Unterschied zwischen Profi und Amateur. Der Unterschied zwischen Umgangssprache und Literatur. Mit einem Wort: Der Unterschied.»

«Welches Wort?»

Katherine stand auf und machte den Kaffee. Sie holte

brought milk from the refrigerator and pulled two packages of sugar from the top drawer.

"Do you sleep well?" she asked.

"Oh yes," Arthur said. "I always fall asleep very quickly. But I'm quite awake now. Would you like another cup of coffee?"

"I haven't finished this one yet."

Arthur sat at his kitchen table, drinking his coffee and dissembling. In the early morning it had rained – he had heard rivers of water running from the roof to the ground. Now the sun was out. He imagined the ponds of water on the road and sidewalk.

The story proceeds in fits and starts. The gradual development of character, the unfolding of the action, the creation of a private cosmology all take place within a few pages. That is why all the true masters of the short story live in attics.

"Do you sleep well?" she asked.

"No," Arthur said. "I wake up earlier every morning."

She looked at him closely. If his origins had not been obvious to her she would have thought him a desperate man. She would have thought that he had been so scarred by the world that he had put on a mask of false craziness to hide himself, to eliminate the necessity of responding to anything. She would have thought him vacant and ruined. She would have taken him by the hand and led him gently up the stairs and laid him like a baby on his single bed. Half absentmindedly, looking out the window at the corner where she had stood and eaten her chocolate bar, she would have undressed him and made love to him at ten o'clock in the morning.

Another day they would have walked to the lake.

Milch aus dem Kühlschrank und nahm zwei Päckchen Zukker aus der obersten Schublade.

«Schlafen Sie gut?» fragte sie.

«Oh, ja», sagte Arthur, «ich schlafe immer gleich ein. Aber jetzt bin ich ganz wach. Möchten Sie noch eine Tasse Kaffee?»

«Ich habe diese noch nicht ausgetrunken.»

Arthur saß am Küchentisch und trank wie geistesabwesend seinen Kaffee. Am frühen Morgen hatte es geregnet – er hatte das Wasser in Bächen vom Dach auf den Boden rinnen hören. Jetzt war die Sonne herausgekommen. Er stellte sich die Wasserpfützen auf der Straße und auf dem Bürgersteig vor.

Die Geschichte nimmt ruckweise ihren Lauf. Die allmähliche Entwicklung der Charaktere, das Ingangkommen der Handlung, die Gestaltung einer eigenen Kosmologie – all das findet auf ein paar Seiten statt. Aus diesem Grund leben alle wahren Meister der Kurzgeschichte in Mansarden.

«Schlafen Sie gut?» fragte sie.

«Nein», sagte Arthur, «ich wache jeden Morgen früher auf».

Sie betrachtete ihn eingehend. Wäre seine Herkunft nicht so offensichtlich für sie gewesen, so hätte sie ihn für einen verzweifelten Mann gehalten. Sie hätte gedacht, dass die Welt ihm so viele Narben zugefügt hatte, dass er sich eine Maske aus vorgetäuschter Verrücktheit zugelegt hatte, um sich zu verstecken, um die Notwendigkeit auszuschalten, auf irgend etwas zu reagieren. Sie hätte ihn für leer und am Boden zerstört gehalten. Sie hätte ihn an die Hand genommen, sanft die Treppe hinauf geführt und wie ein Baby auf sein schmales Bett gelegt. Geistesabwesend, den Blick aus dem Fenster auf die Straßenecke gerichtet, wo sie gestanden und den Schokoladenriegel gegessen hatte, hätte sie ihn ausgezogen und ihn um zehn Uhr vormittags geliebt.

Ein andermal wären sie zum See gegangen. Sie hätten die

They would have watched the seagulls in the lonely sky and filled its emptiness with their love. They would have eaten sandwiches and oranges by the lake and filled the afternoon with silence.

"Would you like to see my house?"

"Yes," Katherine said.

He took her by the hand and led her to the living room where the bay window billowed out towards the street. He led her up the stairs and laid her gently on the bed. Absentmindedly, looking out the window to the corner where she had stood in the morning rain composing her perfect story, he undressed her. Then he took off his own clothes and lay down, precariously, beside her on the single bed. In the ten o'clock morning stillness he made love to her. She closed her eyes and saw the streaks where the rain had dried on his window. In the afternoon he took her to the museum and they walked around its old emptiness, filling it with the sharp sounds of her high heels and the quiet rhythms of their breathing. The next sunny day they went down to the lake. They saw a heron, older and balder than it should have been, hopping about the shore and striking poses for them in the warm breeze.

"Yes," she said, "That's the difference between a professional and an amateur." She was sitting with Arthur in his kitchen eating a piece of toast. They had spent the evening writing a novel.

Wanted: old candy bar wrappers.
Free pick-up and delivery.

"Why do you say delivery?" Arthur said.

"It goes with pick-up. People would feel uncomfortable if it was left out."

Arthur snuggled his feet into his slippers and sipped his hot chocolate. Making love to a nurse

Möwen am einsamen Himmel betrachtet und seine Leere mit ihrer Liebe gefüllt. Sie hätten am See belegte Brote und Orangen gegessen und den Nachmittag mit Schweigen gefüllt.

«Möchten Sie mein Haus sehen?»

«Ja», sagte Katherine.

Er nahm sie an die Hand und führte sie ins Wohnzimmer, wo sich das Erkerfenster zur Straße hinaus wölbte. Er führte sie die Treppe hinauf und legte sie sanft aufs Bett. Geistesabwesend, den Blick aus dem Fenster auf die Straßenecke gerichtet, wo sie am Morgen im Regen gestanden und ihre vollkommene Geschichte verfasst hatte, zog er sie aus. Dann zog er sich auch selber aus und legte sich unbeholfen neben sie auf das schmale Bett. In der Stille des Vormittags liebte er sie. Sie schloss die Augen und sah die Spuren, die das Rinnen des Regens auf dem Fenster hinterlassen hatte. Am Nachmittag ging er mit ihr ins Museum. Sie liefen durch die uralte Leere und erfüllten sie mit dem durchdringenden Geräusch von Katherines hohen Absätzen. und dem ruhigen Rhythmus von ihrer beider Atemzügen. Am nächsten sonnigen Tag gingen sie hinunter zum See. Sie sahen einen Reiher, älter und kahler als er hätte sein sollen, am Ufer umherhüpfen und im warmen Wind für sie Kunststückchen machen.

«Ja», sagte sie, «das ist der Unterschied zwischen Profi und Amateur.» Sie saß bei Arthur in der Küche und aß eine Scheibe Toast. Sie hatten den Abend damit verbracht, einen Roman zu schreiben.

Suche: Altes Schokoladenpapier
Kostenlose Abholung und Anlieferung.

«Warum sagen Sie Anlieferung?» fragte Arthur.

«Es gehört zu Abholung. Die Leute wären beunruhigt, wenn es fehlte.»

Arthur kuschelte die Füße in seine Pantoffeln und trank in kleinen Schlucken seine heiße Schokolade. Mit einer wasn't much different from making love to an ordinary woman. She reminded him, though only distantly, of a telephone operator he had once known.

Every morning, all year round, Katherine would wake up at six o'clock. She would get dressed and walk to an all-night restaurant. She would sit there and drink a cup of coffee and write her short story on a candy-wrapper. Then she would re-wrap the chocolate bar and walk back to the house. By the time she got there it would be about seven o'clock. She would stand on the corner for a few moments to make sure that Arthur was awake. Then she would drop the wrapper on the front lawn and walk around the block. There was a place, a small opening in a hedge, where she could sit privately and watch for Arthur. After an hour, sometimes two, he would leave the house and go to a telephone booth. When she saw him leave she would walk in the opposite direction to her own telephone booth.

"Hello," he would say, "someone left a chocolate bar wrapper with your name and telephone number written on it on my front lawn. I thought you should know."

"I do know," she would reply. "I left it there myself."

"There is one thing you should be told," he would say.

"Tell me."

"It's too good to publish." He hung up and went out of the phone booth. It was eight-thirty in the morning. People were lined up at the bus stop waiting to go to work. People were walking up and down the street looking for an open store. Some of them carried empty shopping bags.

Krankenschwester zu schlafen war nicht viel anders, als mit einer gewöhnlichen Frau zu schlafen. Sie erinnerte ihn, wenn auch nur entfernt, an eine Telefonistin, die er früher einmal gekannt hatte.

Jeden Morgen, das ganze Jahr über, wachte Katherine um sechs Uhr auf. Sie zog sich an und ging in ein Restaurant, das die ganze Nacht offen hatte. Dort saß sie und trank Kaffee und schrieb ihre Kurzgeschichte auf ein Schokoladenpapier. Dann wickelte sie die Schokolade wieder ein und ging zurück zum Haus. Wenn sie dort ankam, war es etwa sieben Uhr. Sie blieb einige Augenblicke an der Ecke stehen, um sicherzugehen, dass Arthur wach war. Dann ließ sie das Einwickelpapier auf den Rasen vor dem Haus fallen und ging um die Ecke. Es gab dort einen Platz, eine kleine Öffnung in einer Hecke, wo sie unbeobachtet sitzen und nach Arthur Ausschau halten konnte. Nach einer, manchmal nach zwei Stunden kam er aus dem Haus und ging zu einer Telefonzelle. Sobald sie ihn weggehen sah, ging sie in die entgegengesetzte Richtung zu ihrer eigenen Telefonzelle.

«Hallo», sagte er dann, «jemand hat ein Schokoladenpapier mit ihrem Namen und Ihrer Telefonnummer auf dem Rasen vor meinem Haus liegenlassen. Ich dachte, das sollten Sie wissen.»

«Ich weiß es schon», erwiderte sie dann, «ich selber habe es da liegenlassen.»

«Ich muss Ihnen was dazu sagen.»

«Sagen Sie es.»

«Sie ist einfach zu gut, um veröffentlicht zu werden.» Arthur legte auf und verließ die Telefonzelle. Es war acht Uhr dreißig morgens. Einige Leute standen an der Bushaltestelle Schlange, um zur Arbeit zu fahren. Andere liefen die Straße auf und ab und suchten ein Geschäft, das schon offen hatte. Manche von ihnen trugen leere Einkaufstaschen.

Arthur walked the two blocks from the phone booth to his house. He went upstairs to brush his teeth. When he had finished he decided to go downstairs again and complete his plans for the living room. It was a large room with a bay window which made it slightly emptier than it otherwise would have been. When he was half way down the stairs the doorbell rang. His visitor was a woman, the woman he had seen that morning, Katherine Smith, R. N. and short story writer.

"Good morning. My name is Katherine Smith. May I come in?"

"Of course." Arthur led her through the empty dining room to the kitchen. "Would you like some coffee?"

"Thank you." Katherine was wearing a bright summer dress, the same one she had been wearing before, and was carrying a purse. She took a package of cigarettes out of the purse.

Arthur didn't smoke but he had an ashtray. He put the ashtray on the kitchen table. Katherine lit a cigarette, inhaled deeply, and set it on the ashtray. Arthur noticed that there were lipstick marks on the filter. He filled the kettle and put it on the stove.

When the kettle was boiling Katherine got up and made the coffee. She had some sugar with her, sugar that she had taken from the restaurant.

"How do you do it like this?" he said. "How can you be so consistent?"

"I don't know," she said. "I guess that's the difference between a professional and an amateur."

"Tell me the secret of your short stories."

She stirred her coffee. "An editor once told me that the secret of a short story is to have a good ending.

Arthur lief die zwei Blöcke von der Telefonzelle zurück zu seinem Haus. Er ging nach oben, um sich die Zähne zu putzen. Als er damit fertig war, entschloss er sich, wieder nach unten zu gehen und die Entwürfe für das Wohnzimmer fertigzustellen. Es war ein großes Zimmer mit einem Erkerfenster, das es noch etwas leerer erscheinen ließ, als es sonst vielleicht der Fall gewesen wäre. Als er die Treppe halb hinunter war, klingelte es an der Tür. Es war eine Frau, die Frau, die er am Morgen gesehen hatte, Katherine Smith, R. N. und Autorin von Kurzgeschichten.

«Guten Morgen. Mein Name ist Katherine Smith. Darf ich hereinkommen?»

«Natürlich.» Arthur führte sie durch das leere Esszimmer in die Küche. «Möchten Sie Kaffee?»

«Gern, danke.» Katherine trug ein helles Sommerkleid, und zwar dasselbe, das sie zuvor getragen hatte, und hatte eine Handtasche dabei. Sie holte eine Schachtel Zigaretten aus der Tasche.

Arthur rauchte nicht, aber er hatte einen Aschenbecher. Er stellte den Aschenbecher auf den Küchentisch. Katherine zündete sich eine Zigarette an, inhalierte tief und legte sie auf den Aschenbecher. Arthur bemerkte, dass Lippenstiftspuren auf dem Filter waren. Er füllte den Kessel und stellte ihn auf den Herd.

Als das Wasser im Kessel kochte, stand Katherine auf und machte den Kaffee. Sie hatte etwas Zucker bei sich, Zucker, den sie aus dem Restaurant mitgenommen hatte.

«Wie schaffen Sie das bloß?» sagte er, «wie können Sie so konsequent sein?»

«Ich weiß nicht», sagte sie, «das ist wohl der Unterschied zwischen Profi und Amateur.»

«Verraten Sie mir das Geheimnis Ihrer Kurzgeschichten.» Sie rührte ihren Kaffee um. «Ein Lektor hat mir einmal gesagt, das Geheimnis einer Kurzgeschichte sei ein guter Schluss.»

"Would you like to see my house?"

"Of course."

He took her by the hand and led her to the living room where the bay window billowed out towards the street. He laid her down gently on the red and golden rug. He closed the curtains so that the ten o'clock morning light came softly through to them. Absentmindedly, precariously, he undressed her in the curtained morning and filled her emptiness with love. Absentmindedly, precariously, she undressed him in the curtained morning and filled his emptiness with love.

«Möchten Sie mein Haus sehen?»
«Natürlich.»
Er nahm sie an die Hand und führte sie ins Wohnzimmer, wo sich das Erkerfenster zur Straße hinaus wölbte. Er legte sie sanft auf den rot-goldenen Teppich. Er zog die Vorhänge zu, so dass das Licht des Vormittags weich zu ihnen hereinfiel. Geistesabwesend, unbeholfen zog er sie im abgedunkelten Licht des Vormittags aus und füllte ihre Leere mit Liebe. Geistesabwesend, unbeholfen zog sie ihn im abgedunkelten Licht des Vormittags aus und füllte seine Leere mit Liebe.

Eric Gabriel: Rescue

I saw the girl for the first time on my birthday.

This coincidence, had I noticed it, might have rewarded me with a jolt of revelation, like Kekulé stumbling onto the structure of the benzene ring as he gazed into his fireplace. All I had to do when I saw the girl was punch Girl in Window/Birthday into my brain and wait for the print-out. I would have understood that the coincidence was no coincidence, that the cosmos was trying to tell me something. But I hadn't even remembered it was my birthday. So I just stood and stared at her. It was as if Kekulé saw the dancing flames and did no more than put up the fire screen. Or the Virgin Mary not bothering to take a break from her reading when that Da Vinci angel flew in.

Now, I know that the sight of a nine year-old girl in her pyjamas, standing before a window at eight o'clock on a Saturday morning might not seem like the raw material for epiphany, but consider this: I'd been living here for more than a year and I hadn't seen her before. The day she did choose to appear was none other than my birthday. And it wasn't just any birthday, but my thirty-third, which should say something to even the most cynical. Birthdays are when your planets get into a samba line and jiggle around. Her appearance was a message meant for me alone. But I didn't realize it.

How could a person forget their own birthday, you may ask. It's easier than you think. If I'd still been a kid, my teacher would have made sure I got an extra cookie along with my milk. My mother would have made me ravioli, my favorite meal.

Eric Gabriel: Rettung

Ich sah das Mädchen zum erstenmal an meinem Geburtstag.

Dieser Zufall, wäre er mir aufgefallen, hätte mir vielleicht eine plötzliche Erleuchtung beschert, so wie Kekulé auf die Struktur des Benzolringes stieß, als er ins Kaminfeuer starrte. Als ich das Mädchen sah, hätte ich nichts weiter zu tun brauchen, als Mädchen am Fenster/Geburtstag in mein Gehirn einzugeben und darauf zu warten, was es ausdrucken würde. Es wäre mir klar geworden, dass dieser Zufall kein Zufall war, dass der Kosmos versuchte, mir etwas mitzuteilen. Aber ich hatte noch nicht einmal daran gedacht, dass ich Geburtstag hatte. Also stand ich nur da und starrte sie an. Es war, als sähe Kekulé die tanzenden Flammen und täte nichts weiter, als den Feuerschutz aufzustellen. Oder als blickte die Jungfrau Maria nicht einmal von ihrer Lektüre auf, als der Leonardo-Engel hereingeflogen kam.

Ich weiß wohl, dass der Anblick eines neunjährigen Mädchens im Schlafanzug, das an einem Samstagmorgen um acht Uhr an einem Fenster steht, nicht unbedingt Anlass gibt, eine göttliche Erscheinung zu vermuten. Aber bedenken Sie: Ich wohnte schon seit über einem Jahr hier und hatte sie noch nie gesehen. Der Tag, den sie sich für ihr Erscheinen aussuchte, war ausgerechnet mein Geburtstag. Und zwar nicht irgendein Geburtstag, sondern mein dreiunddreißigster – das sollte selbst die größten Zyniker aufmerken lassen. An Geburtstagen stehen unsere Planeten in einer Samba-Reihe und hüpfen herum. Das Erscheinen des Mädchens war eine Botschaft, die für mich allein bestimmt war. Aber das begriff ich nicht.

Wie kann ein Mensch seinen eigenen Geburtstag vergessen, mögen Sie fragen. Es ist leichter, als Sie denken. Wäre ich noch ein Kind gewesen, hätte mein Lehrer dafür gesorgt, dass ich einen extra Keks zu meiner Pausenmilch bekam. Meine Mutter hätte mir Ravioli gekocht, mein Leibgericht.

Friends might have been waiting to scream Happy Birthday when I walked in the door, except that my circle of acquaintances is rather small. And I might have checked my Rexall wall calendar – attractive enough with its Floral" Design of the Month – except that the calendar's from two years ago.

But the real reason I forgot my birthday was: I wasn't in the mood to think about it. I wasn't in the mood for anything that would remind me that I was wandering around aimlessly in time's desert. The girl's appearance was a Mount Sinai rising up ahead. I hadn't so much as stubbed a toe on it. I kept on circling around like a zombie Moses, counting grains of sand.

Girl in Window/Birthday.

If I'd been more with it that day I would have guzzled a pot of coffee, stayed awake until I saw that samba line as it boom-da-da-da-da-ed into the yard. Instead, I finished the can of Bud I was drinking and fell into bed.

About three years ago, I was still living in Buffalo, my place of birth, and I was counting grains of sand but good. I was a graduate student, you see. Grad school had flowed effortlessly, mindlessly, almost imperceptibly, from undergrad school. But after the second year, I began to notice certain things: that I'd been wearing the same Oxfordy tweed jacket I had ever since switching majors from biology to English, that my basic foodstuff was still spaghetti, that my apartment was furnished primarily with wooden crates in various designs and colors and that, worst of all, I needed my father's money to support this titillating lifestyle.

To my father, grad school was just another of

Freunde hätten zu Hause auf mich warten können, um Happy Birthday zu rufen, sobald ich zur Tür hereinkam, aber mein Bekanntenkreis ist eher klein. Ich hätte auch auf meinem Wandkalender aus der Drogerie nachsehen können – hübsch genug ist er, mit seinem Blumenmuster des Monats – aber der Kalender ist von vor zwei Jahren.

Der eigentliche Grund, warum ich meinen Geburtstag vergessen hatte, war der: ich war nicht in der Stimmung, daran zu denken. War nicht in der Stimmung, an irgendetwas zu denken, das mich daran erinnerte, dass ich ziellos in der Wüste der Zeit herumwanderte. Das Erscheinen des Mädchens war der Berg Sinai, der sich vor mir erhob. Ich war noch nicht mit dem Zeh daran gestoßen. Ich zog weiterhin Kreise wie ein Zombie-Moses und zählte Sandkörner.

Mädchen am Fenster/Geburtstag.

Wäre ich an jenem Tag etwas mehr auf Draht gewesen, dann hätte ich eine Kanne Kaffee geschlürft und wäre wach geblieben, bis ich besagte Samba-Reihe mit Rum-ta-ta in den Hof hätte marschieren sehen. Stattdessen leerte ich die Dose Budweiser, die ich gerade trank, und fiel ins Bett.

Vor drei Jahren lebte ich noch in Buffalo, meiner Geburtsstadt, und zählte in der Tat Sandkörner. Ich war graduierter Student, wissen Sie. Mein erstes Studium war mühelos, gedankenlos, beinahe unmerklich in das Graduiertenstudium übergegangen. Aber nach dem zweiten Jahr fielen mir plötzlich gewisse Dinge auf: dass ich immer noch dieselbe oxfordmäßige Tweedjacke trug, die ich schon besaß, seit ich nicht mehr Biologie sondern Englisch als Hauptfach studierte, dass ich mich immer noch hauptsächlich von Spaghetti ernährte, dass meine Wohnung vorwiegend mit Holzkisten in verschiedenen Formen und Farben eingerichtet war und, was das schlimmste war, dass ich das Geld meines Vaters brauchte, um diesen prickelnden Lebensstil zu finanzieren.

Für meinen Vater war das Graduiertenstudium nichts

my 'schemes.' He didn't use the word 'scheme' to mean 'project,' as an English person might. It left his lips slimy with derision, like something dredged up from the bottom of Lake Erie. There was my 'scheme' to start a tofu factory, for instance, or my 'scheme' to join a commune in North Carolina.

We managed to see little of each other. He lived alone in a small house crowded with the furniture my mother had accumulated before she died. The place had the feel of a funeral parlor crammed with coffins. He'd telephone from time to time. I pictured him sitting in the living room, swallowed up in one of the enormous Mediterranean-style arm chairs, a tiny king upon his throne. His calls often found me at my most desperate; he could smell a crisis clear across town.

One night, I reached for a book from the top of one of the wooden crates. An entire section collapsed on top of me. I stood in the middle of a heap of Chaucer, Rilke and Joyce, dazed and coughing. Some late nineteenth-century French composer had been killed the very same way, I thought. This was a warning, an omen. I had to change. if I didn't, the next time something fell, it would be for keeps. As soon as the dust settled the phone rang. My father, of course.

I decided to quit school and get out of Buffalo. My father visited just before I left. It was the first time he'd been in my apartment. I don't think he'd set foot in my part of the city since he was single, when the neighborhood's seediness attracted the young set. There was a knock at the door just as I was packing up some dishes. He walked in and stepped around the piles of clothing and weiter als eines von meinen «Vorhaben». Er benutzte das Wort «Vorhaben» nicht im Sinne von «Projekt», wie es vielleicht ein Engländer täte. Auf seinen Lippen hinterließ es eine höhnische Schleimspur, wie etwas, das vom Grunde des Eriesees heraufgezerrt worden war. Da war zum Beispiel mein «Vorhaben», eine Tofu-Fabrik aufzumachen, oder mein «Vorhaben», mich einer Kommune in Nord-Carolina anzuschließen.

Wir schafften es, uns selten zu sehen. Er lebte allein in einem kleinen Haus, das vollgestopft war mit den Möbeln, die meine Mutter bis zu ihrem Tod angesammelt hatte. Das Haus hatte die Atmosphäre einer Leichenhalle voller Särge. Von Zeit zu Zeit rief er an. Ich stellte ihn mir vor, wie er im Wohnzimmer saß, fast verschluckt von einem riesigen Sessel im mediterranen Stil, ein winziger König auf seinem Thron. Seine Anrufe trafen mich oft in meinen verzweifeltsten Stimmungen an, er roch Krisen – quer durch die Stadt.

Eines Abends griff ich nach einem Buch oben auf einer der Holzkisten. Ein ganzer Stapel brach über mir zusammen. Ich stand mitten in einem Haufen Chaucer, Rilke und Joyce, benommen und hustend. Irgendein französischer Komponist des späten 19. Jahrhunderts war genau auf diese Art umgekommen, dachte ich. Das war eine Warnung, ein Omen. Ich musste mich ändern. Tat ich das nicht, dann würde es mein Ende bedeuten, wenn das nächste Mal etwas herunterfiel. Sobald der Staub sich gelegt hatte, klingelte das Telefon. Natürlich mein Vater.

Ich beschloss, das Studium aufzugeben und aus Buffalo zu verschwinden. Mein Vater besuchte mich kurz bevor ich wegging. Es war das erste Mal, dass er in meiner Wohnung war. Ich glaube nicht, dass er jemals einen Fuß in meinen Teil der Stadt gesetzt hatte seit der Zeit, als er noch Junggeselle war und die Schäbigkeit dieser Gegend junge Leute anzog. Es klopfte an der Tür, als ich gerade Geschirr einpackte. Er kam herein, schritt um die Berge von Kleidern household debris taking in the scene silently. Finally he spoke.

"You really serious about this scheme of yours to move to Ohio?"

I didn't throw the dish I held in my hands. I nodded yes.

"Why Ohio? For the scenery?"

I started pulling clothing out of drawers and dumping it into boxes. I made a lot of noise this way. He shrugged his shoulders and picked up a book.

"The History of Philosophy," he read aloud. "You taking this along?"

"No."

"Cost fifteen bucks. Aren't you even going to try and sell it?"

"No time."

What I meant was, the longer it took to get my ass the hell out of Buffalo, the easier it would be never to leave. The last thing I wanted to bother with was books. I'd built a cloister for myself out of books. Every page in that apartment weighed on my shoulders like a sheet of lead. I pulled a stool over to a bookshelf, removed a length of novels, holding them between my hands like an accordion. But I lost my balance, they tumbled earthward, missing my father's head by a few inches. He jumped back.

"Goddam idiot," he said, terminating his visit. It was his farewell.

At first I was happy in my new hometown. The city had a comfortable, empty feel to it. Everyone looked grey and limp, as though they'd just been flung from one of the trains that no longer passed through. The corner laundromat was a life-sized und Haushaltskram herum und betrachtete schweigend die Szenerie. Schließlich sagte er etwas.

«Ist das wirklich dein Ernst, dieses Vorhaben, nach Ohio zu ziehen?»

Ich warf nicht mit dem Teller, den ich in der Hand hielt. Ich nickte zustimmend.

«Warum Ohio? Wegen der Landschaft?»

Ich fing an, Kleidungsstücke aus Schubladen zu ziehen und in Kisten zu stopfen. Dabei machte ich ziemlich viel Krach. Er zuckte mit den Schultern und hob ein Buch auf.

«Geschichte der Philosophie», las er laut. «Nimmst du das mit?»

«Nein.»

«Hat fünfzehn Dollar gekostet. Willst du nicht wenigstens versuchen, es zu verkaufen?»

«Keine Zeit.»

Was ich meinte, war dies: je länger es dauerte, den Arsch hochzukriegen und aus Buffalo abzuhauen, desto leichter würde es sein, überhaupt nicht wegzugehen. Das letzte, worum ich mich kümmern wollte, waren Bücher. Ich hatte mir selber ein Kloster aus Büchern gebaut. Jede Seite in dieser Wohnung lastete auf meinen Schultern wie eine Bleiplatte. Ich zog einen Hocker an ein Regal heran und nahm eine Länge Romane herunter, die ich wie ein Akkordeon zwischen beiden Händen hielt. Aber ich verlor das Gleichgewicht. Sie purzelten zu Boden, wenige Zentimeter am Kopf meines Vaters vorbei. Er sprang zurück.

«Verdammter Idiot», sagte er und beendete seinen Besuch. Es war sein Abschiedsgruß.

Anfangs war ich glücklich in meiner neuen Heimatstadt. Die Stadt hatte etwas Bequemes, Leeres. Die Leute sahen grau und wie zerschlagen aus, als wären sie eben aus einem der Züge geschleudert worden, die dort nicht mehr durchfuhren. Der Waschsalon an der Ecke war ein Diorama des diorama of contemporary America: housewives with their hair up in curlers, frail-looking men in their fifties who looked like they lived on milk toast and licorice, large black women with bulky hair-dos. When I got myself the job at the Goodyear plant I called up my father with the good news.

"So you're a night watchman?" he said. "Well, that's wonderful, son. Good thing you went to college for seven years."

"I'm following in your footsteps," I suggested.

"Great. Stay at the job thirty-one years like I did and maybe you'll get a chicken-shit pension, too."

I scaled my life down to the classic American minimum of work-sleep-eat. No more tearing my hair out over obscure smartass eighteenth-century English poets or what twenty-nine critics said about them. I watched lots of TV and read trash from the supermarket racks. I went to Triplex in the mall and saw movies, not films. I ate the same thing every morning after work: a fried egg sandwich. I had it down to a system. The pan was on the hotplate from the morning before. I lobbed in a forkful of grease, switched on the heat, cracked in a pair of eggs and popped two slices of Wonder bread into the toaster. I did them twice. When they were done, I scraped the eggs onto one slice of bread and closed up shop with the other. I got a beer and headed for the breakfast nook, which was the corner of the sofabed nearest the window.

There wasn't much of a view, only the windows of the apartments across the courtyard. I must have been one of the few people in northern Ohio living around a courtyard, the product of some Europe-craving architect of the twenties. Terra cotta rams butted each side of six doorways around the courtheutigen Amerika mit Figuren in Lebensgröße: Hausfrauen mit Lockenwicklern, gebrechlich wirkende Männer in den Fünfzigern, die aussahen, als lebten sie von Milch, Toast und Lakritz, mächtige schwarze Frauen mit voluminösen Frisuren. Als ich den Job beim Goodyear-Werk gefunden hatte, rief ich meinen Vater mit der guten Nachricht an.

«Du bist also Nachtwächter?» sagte er. «Na, das ist ja wunderbar, mein Sohn. Wie gut, dass du sieben Jahre studiert hast.»

«Ich trete in deine Fußstapfen», gab ich zu bedenken.

«Großartig. Bleib einunddreißig Jahre bei dem Job, so wie ich, dann kriegst du vielleicht auch eine beschissene Rente.»

Ich reduzierte mein Leben auf das klassische amerikanische Minimum Arbeiten-Schlafen-Essen. Kein Haareraufen mehr über unbekannte neunmalkluge englische Dichter des 18. Jahrhunderts oder darüber, was neunundzwanzig Kritiker über sie gesagt haben. Ich sah viel fern und las Schund aus Supermarkt-Regalen. Ich ging zu Triplex im Einkaufszentrum und sah mir Kino an statt Filme. Ich aß jeden Morgen nach der Arbeit das gleiche: ein Sandwich mit Spiegelei. Ich hatte alles genau geregelt. Die Pfanne stand noch vom Morgen davor auf der Kochplatte. Ich warf eine Gabel voll Fett hinein, schaltete die Platte an, schlug zwei Eier hinein und steckte zwei Scheiben «Wunderbrot» in den Toaster. Ich röstete sie zweimal. Wenn sie fertig waren, kratzte ich die Eier auf die eine Brotscheibe und klappte die andere drauf – fertig. Ich nahm mir ein Bier und begab mich in die Frühstücksecke – das war das zum Fenster hin gelegene Ende des Schlafsofas.

Es gab nicht viel zu sehen, nur die Fenster der Wohnungen auf der anderen Seite des Hofes. Ich muss zu den wenigen Menschen in Nordohio gehört haben, die um einen Hof herum wohnten – dem Werk eines europasüchtigen Architekten der zwanziger Jahre. Widder aus Terrakotta säumten die Seiten der sechs Türöffnungen im Hof. Spitz aussehende yard. Sharp-looking antlers curled out from their heads in relief. On bad days, I'd imagine them waiting for me to walk through to clap shut like a trick elevator. A goodly number of dark-eyed Italians and mysterious Slavs lived here, which gave the place an Old World feel. In northern Ohio, that meant run-down.

A sofabed was just about the only furniture I had. I liked it that way. There's nothing like furniture to make things permanent. My mother must have thought so too. She wanted permanence more than anything. Any time she found out my father had a girlfriend she bought another end table. I think she figured that, no matter what a creep he was, he'd never leave her with a stack of time payments.

A year into living here the city started to get to me. I decided it was time for everyone to stop playing Depression and come to life. But they didn't. I started to provoke them. I went up to perfect strangers and asked the time to see if they could tell time. Or else I'd ask for directions to K-Mart standing right in front of the store. Assuming illiteracy, I asked them to tell me where the nearest Post Office was or the Art Museum. If they knew, I thanked them, introduced myself and expressed my joy at meeting such well-informed citizens. But at the first hint of hesitation, or worse, if they gave the wrong directions, I shook my head and stormed away.

Then there was work. Like most night watchmen, my main job was staying awake. I did this by walking up and down the corridors, listening to the echo of my footsteps against the cinderblock walls. It was fine at first. I had lots of time to krumme Gehörne wuchsen reliefartig aus ihren Köpfen hervor. An schlechten Tagen stellte ich mir vor, dass sie darauf warteten, dass ich hindurchging, um dann zuzuschnappen wie ein Trickfahrstuhl. Eine beachtliche Anzahl dunkelhäutiger Italiener und mysteriöser Slawen wohnte hier, was dem Ort eine Alte-Welt-Atmosphäre verlieh. In Nordohio bedeutete das: heruntergekommen.

Das Schlafsofa war so ungefähr das einzige Möbelstück, das ich besaß. Ich mochte es so. Nichts macht die Welt so dauerhaft wie Möbel. Meine Mutter muss das auch geglaubt haben. Sie wollte Dauerhaftigkeit mehr als alles andere. Jedesmal, wenn sie merkte, dass mein Vater eine Freundin hatte, kaufte sie noch einen Beistelltisch. Ich glaube, sie dachte, dass er sie nicht mit einem Haufen Ratenzahlungen sitzenlassen würde, was für ein grässlicher Kerl er auch sein mochte.

Als ich ein Jahr hier war, begann die Stadt mir auf die Nerven zu gehen. Ich fand, dass jetzt alle mit dem Depression-Spielen aufhören und wieder zum Leben erwachen sollten. Aber das taten sie nicht. Ich fing an, sie zu provozieren. Ich ging auf wildfremde Menschen zu und fragte nach der Uhrzeit, um festzustellen, ob sie die Uhr lesen konnten. Oder ich fragte nach dem Weg zum K-Mart-Supermarkt, obwohl ich direkt vor dem Laden stand. Unwissenheit voraussetzend fragte ich, wo das nächste Postamt sei oder das Kunstmuseum. Wenn sie es wussten, dankte ich, stellte mich vor und verlieh meiner Freude Ausdruck, derart wohlinformierte Bürger kennengelernt zu haben. Beim geringsten Zögern jedoch, oder schlimmer, wenn sie den falschen Weg wiesen, schüttelte ich den Kopf und rannte davon.

Dann war da noch die Arbeit. Wie bei den meisten Nachtwächtern war es meine Hauptaufgabe, wachzubleiben. Dies tat ich, indem ich die Korridore auf und ab lief und dem Widerhall meiner Schritte von den Schlackstein-Wänden zuhörte. Anfangs gefiel es mir. Ich hatte viel Zeit zum think. The corridors were dimly lit and veered off into a peaceful black void. But after half a year, it began reminding me of that scene at the end of *1984* where Winston gets shot but is so out of it he hardly realizes what's happened.

Boredom wasn't the worst. I noticed a time clock mounted on the wall connected to the main door. I checked the other doors. Same thing. For thirty-five hours a week I was guarding a locked door. This might have struck me as funny back in Buffalo, being paid to do nothing. It might have left me smug with satisfaction at yet another example of capitalism's absurdity. Instead, it made me crazy. I felt like the victim of a bad joke. I pictured the people in the office chuckling as they processed my paycheck. I felt like I'd been turned into one of those people on the street who couldn't tell time.

Then I started having this dream. I'd dream it two, three times a week. I'm standing at the corner of an intersection. Cars are doing ninety, coming from all directions without stopping. My eyes zigzag back and forth, expecting a collision any minute. I ache with fear, dreading what's going to happen. It becomes unbearable. I start praying for a collision to put an end to it, since anything's better than this waiting. But the cars always manage to swerve away at the last second. Finally, it happens. A car and a truck roll into view from opposite ends of the highway and head straight for one another. Neither changes lanes. They even speed up, they seem to be aiming for each other. I watch them close in, get ready to shut my eyes,

Nachdenken. Die Korridore waren schwach erleuchtet und verloren sich in einem friedlichen schwarzen Nichts. Aber nach einem halben Jahr erinnerte es mich an die Szene am Schluss von *1984*, wo Winston angeschossen wird, aber so weggetreten ist, dass er kaum merkt, was passiert.

Die Langeweile war nicht das Schlimmste. Ich bemerkte eine Zeituhr an der Wand, die mit der Haupttür verbunden war. Ich sah bei den anderen Türen nach. Das gleiche. Fünfunddreißig Stunden die Woche bewachte ich eine verschlossene Tür. Damals in Buffalo hätte ich es wahrscheinlich amüsant gefunden, dafür bezahlt zu werden, dass ich nichts tat. Es hätte mich wohl mit selbstgefälliger Zufriedenheit erfüllt als neuerliches Beispiel der Absurdität des Kapitalismus. Stattdessen machte es mich verrückt. Ich kam mir vor wie das Opfer eines schlechten Witzes. Ich stellte mir vor, wie die Büroangestellten kicherten, wenn sie meine Lohnzahlungen bearbeiteten. Ich hatte das Gefühl, ich wäre in einen von den Menschen auf der Straße verwandelt worden, die die Uhr nicht lesen können.

Dann begann ich den Traum zu haben. Ich träumte ihn zwei-, dreimal die Woche. Ich stehe an der Ecke einer Straßenkreuzung. Die Autos fahren 120, aus allen Richtungen, ohne anzuhalten. Meine Augen bewegen sich im Zickzack hin und her, erwarten jede Minute einen Zusammenstoß. Mir tut alles weh vor Angst, mir graut vor dem, was passieren wird. Es wird unerträglich. Ich fange an, einen Zusammenstoß zu erflehen, damit es endlich vorbei ist, denn alles ist besser als dieses Warten. Aber die Autos schaffen es immer, in letzter Sekunde auszuweichen. Schließlich passiert es. Ein Auto und ein Lastwagen kommen aus entgegengesetzten Richtungen der Schnellstraße in mein Blickfeld und fahren direkt aufeinander zu. Keiner von beiden wechselt die Spur. Sie beschleunigen sogar, sie scheinen es aufeinander abgesehen zu haben. Ich sehe sie näherkommen, bereite mich darauf vor, die Augen zu schließen, warte auf waiting for the terrible crash. Then, in the split second before they meet I realize it's me driving the car.

Winter came. It would already be dark when I got up around five in the afternoon. I'd drink a beer and eat something, watch television until it was time to leave, then caught the ten thirty-nine bus. I was usually the only passenger, except for the bus driver's friend sitting up front. The dark streets were lined with ghost houses. We swung past bus stops where no one waited, along strips of abandoned storefronts and boarded-up gas stations, then headed for the outskirts. Buildings like giant shoeboxes rose from vast, empty parking lots, gleaming in blue light, the Goodyear plant among them. The area looked like the landscape of some new order.

Sunday evenings were the worst. I usually ate at a diner, one of those quilted-steel mobile homes in what's left of the downtown. The diner was like the laundromat, only worse; people are uglier when they're stuffing their faces than when they're washing their clothes. I'd come home as it was getting dark, lay down and watch the walls go fuzzy. I'd think about turning the lights on but I wouldn't, so the walls would get fuzzier and fuzzier until they slipped away. You don't realize how important walls are until they start slipping away on you. I'd doze off, dream my dream, then wake up in the middle of the night sweating and lonelier than hell.

The night before I saw the girl it snowed. Out by the plants everything was white and smooth. I den furchtbaren Aufprall. Dann, Sekundenbruchteile bevor sie sich treffen, wird mir klar, dass ich es bin, der das Auto fährt.

Der Winter kam. Es war schon dunkel, wenn ich gegen fünf Uhr nachmittags aufstand. Ich trank ein Bier und aß etwas, sah fern, bis es Zeit war zu gehen, und nahm dann den Bus um zehn-Uhr-neununddreißig. Meistens war ich der einzige Fahrgast, abgesehen von dem Freund des Busfahrers, der ganz vorn saß. Die dunklen Straßen waren von Geisterhäusern gesäumt. Wir kurvten vorbei an Bushaltestellen, wo niemand wartete, entlang an Reihen verlassener Ladenfronten und an vernagelten Tankstellen, und fuhren dann in Richtung Stadtrand. Gebäude wie riesige Schuhkartons stiegen aus weitläufigen leeren Parkplätzen auf und schimmerten in blauem Licht. Eins von ihnen war das Goodyear-Werk. Die Gegend sah aus wie die Landschaft eines neuen Zeitalters.

Die Sonntagabende waren das Schlimmste. Meistens aß ich in einem Esslokal, einem dieser transportablen speisewagenähnlichen Wellblechrestaurants, in dem, was von der Innenstadt noch übrig ist. Das Lokal war wie der Waschsalon, nur schlimmer. Die Menschen sind hässlicher, wenn sie sich den Mund vollstopfen, als wenn sie ihre Wäsche waschen. Ich kam nach Hause, wenn es dunkel wurde, legte mich hin und sah zu, wie die Wände langsam verschwammen. Ich dachte daran, Licht zu machen, tat es aber nicht. Also verschwammen die Wände mehr und mehr, bis sie schließlich völlig weg waren. Man ist sich nicht darüber im klaren, wie wichtig Wände sind, bis sie plötzlich vor den eigenen Augen verschwinden. Ich döste ein, träumte meinen Traum und wachte dann mitten in der Nacht auf, schwitzend und höllisch einsam.

In der Nacht, bevor ich das Mädchen sah, schneite es. Draußen bei den Fabriken war alles weiß und sanft. Ich stared out the bus window, my brain started going numb. I heard my name; another guard was on the bus with me, another idiot paid to guard a locked door. He was an older man who'd worked there all his life. He reminded me of my father. When seven o'clock in the morning rolled around I punched out. My eyes were burning. I trudged up the steps to my apartment like a troglodyte, started on the eggs without even taking my coat off, since the heat wouldn't be coming up for another hour.

I sat myself down at the edge of the sofabed, peered out the window. That time of day the light was grey and wooly. The courtyard looked soft, almost pretty from the snow. I bit into my sandwich. The bread was soggy with egg juice, perfect. The beer mixed with the sulfury eggs, leaving a pleasant, sickly taste in my mouth. I belched, felt tranquil and slightly melancholic.

That's when I saw the girl staring at me.

She stood still, demure as an Arabian princess, veiled by the curtain. Her eyes shone through, dark and heavy. She was looking straight at me. I started floating through the inky grottos of her eyes. After what seemed to be an eternity the sandwich fell from my hands. My imagination reeled: she was my sister Terry, my mother, my beloved childhood clarinet teacher! I tried to clear my brain. Why was this beautiful child watching me? I rose, inched toward the window the way you might approach a squirrel in the park. Her eyes didn't leave me. I glowed with a peculiar calm, I felt light, strangely happy. Just as I reached the window she disappeared behind a swish of curtains.

starrte aus dem Busfenster. Mein Gehirn wurde langsam benommen. Ich hörte meinen Namen. Es war noch ein anderer Wachmann mit mir im Bus. Noch so ein Idiot, der dafür bezahlt wurde, eine verschlossene Tür zu bewachen. Er war ein älterer Mann, der sein ganzes Leben lang dort gearbeitet hatte. Er erinnerte mich an meinen Vater. Als es endlich sieben Uhr morgens war, stach ich die Uhr und ging. Meine Augen brannten. Ich stapfte die Stufen zu meiner Wohnung hinauf wie ein Troglodyt und begann die Eier zu braten, ohne meinen Mantel auszuziehen, denn die Heizung wurde erst eine Stunde später warm.

Ich setzte mich auf den Rand des Schlafsofas und stierte aus dem Fenster. Um diese Tageszeit war das Licht grau und weich. Der Hof sah sanft aus, fast hübsch durch den Schnee. Ich biss in mein Sandwich. Das Brot war durchtränkt mit Eigelb – genau richtig. Das Bier vermischte sich mit den schwefeligen Eiern und hinterließ einen angenehmen, leicht fauligen Geschmack im Mund. Ich rülpste und fühlte mich ruhig und etwas melancholisch.

Da sah ich das Mädchen mich anstarren.

Sie stand einfach da, undurchsichtig wie eine arabische Prinzessin, von der Gardine verschleiert. Ihre Augen leuchteten hindurch, dunkel und schwer. Sie schaute mich direkt an. Ich begann durch die schwarzen Grotten ihrer Augen zu treiben. Nach einer halben Ewigkeit fiel mir das Sandwich aus den Händen. Meine Phantasie überschlug sich. Da stand meine Schwester Terry, meine Mutter, meine geliebte Klarinettenlehrerin aus der Kindheit. Ich versuchte einen klaren Kopf zu bekommen. Warum beobachtete mich dieses wunderschöne Kind? Ich stand auf und bewegte mich zentimeterweise auf das Fenster zu, wie man sich einem Eichhörnchen im Park nähert. Ihre Augen ließen nicht von mir ab. Ich glühte, war aber merkwürdig ruhig. Ich fühlte mich leicht, seltsam glücklich. In dem Augenblick, als ich das Fenster erreichte, verschwand sie hinter den raschelnden Gardinen.

I fell into bed without taking my clothes off and slept. Her face floated before me, radiant and pure. My dream started, but this time, just before the end, when I saw that it was me in the car, I saw she was sitting next to me.

The phone rang. My heart almost tore out of my chest.

"I just called to make sure you got the check."

"Hello, Dad," I said.

"Were you sleeping?" The receiver nearly pulsed with wakefulness.

"Uh, yes."

"Did you get the check?"

"Check?"

"For your birthday!"

"Birthday?"

"What's the matter, you stoned?"

"There's this girl," I stammered.

"Marry her," he said.

Later, I woke up in the middle of the afternoon. I stumbled down to the mailbox. Sure enough, an envelope was there, addressed in my father's stringy hand. I felt as though he himself were sealed inside. The check – there was no card or letter – had been filled out with care by my sister. I noticed the date and stared at it. Then it hit me. My birthday. My goddam birthday.

Shit, I thought. I'd forgotten my own birthday. What did it mean when a person forgot their own birthday?

I began sleeping whole days away, devouring entire Sara Lee chocolate cakes in one sitting. I caught a glimpse of myself in the toaster, mouth full of cake, crumbs in my three-day growth, my lips smeared with chocolate. One night on the bus I

Ich fiel ins Bett, ohne mich auszuziehen, und schlief ein. Ihr Gesicht schwebte vor mir, strahlend und rein. Mein Traum begann, aber diesmal, kurz vor dem Ende, wo ich merkte, dass ich selber in dem Auto war, sah ich sie neben mir sitzen.

Das Telefon klingelte. Mir sprang fast das Herz aus der Brust.

«Ich wollte nur hören, ob du den Scheck bekommen hast.»

«Hallo Vater», sagte ich.

«Hast du geschlafen?» Der Hörer pulsierte fast vor Wachsamkeit.

«Äh, ja.»

«Hast du den Scheck bekommen?»

«Scheck?»

«Zum Geburtstag!»

«Geburtstag?»

«Was ist los, bist du betrunken?»

«Da ist dies Mädchen», stammelte ich.

«Heirate sie», sagte er.

Später wachte ich mitten am Nachmittag auf. Ich stolperte hinunter zum Briefkasten. Tatsächlich, es war ein Umschlag drin, adressiert in der langgezogenen Schrift meines Vaters. Ich hatte das Gefühl, er stecke selber drin. Der Scheck – es war weder Karte noch Brief dabei – war sorgfältig von meiner Schwester ausgeschrieben. Ich sah das Datum und starrte darauf. Da ging mir ein Licht auf. Mein Geburtstag. Mein gottverdammter Geburtstag.

Scheiße, dachte ich. Ich hatte meinen eigenen Geburtstag vergessen. Was hatte es zu bedeuten, wenn man seinen eigenen Geburtstag vergaß?

Ich fing an, ganze Tage zu verschlafen und ganze Sara-Lee-Schokoladenkuchen auf einmal zu verschlingen. Ich erwischte im Toaster mein Spiegelbild: den Mund voll Kuchen, Krümel in meinem Drei-Tage-Bart, die Lippen schokoladenverschmiert. Eines Abends im Bus bekam ich feared not being able to get off, of driving around the acres of asphalt for the rest of eternity.

Then I remembered the girl. She had been a messenger, I decided, sent to help me. She was saying, "If a simple thing like seeing a little girl in a window can make you happy, than maybe you're not the hard-nosed case you'd love to be." There was a bit of presumption in her message – she hardly knew me – but she had a point. My father had said roughly the same thing to me at one time or another, I recalled.

Two days later she was there again, then two days after that. I began going to the window as soon as I walked through the door. I'd hop off the bus, light-footed with anticipation, the way a young husband returns to his wife. I'd sit on the sofabed, bleary-eyed but hopeful. Spring was coming. The courtyard would be filled with sunlight by the time I got there. I felt myself opening up after a long hibernation. A woman in the laundromat noticed the change. My nickname for her was Baby Jane, as in What Ever Happened to. She was someone who didn't know where the post office was. In almost ten months we never spoke. One day I walked in. She was leaning on her washer, reading the paper, her cigarette burned down to a pencil of ash between her fingers, as usual. I said hello, just like that. She looked at me like I was crazy, went back to her paper. The interaction was brief but, in its own way, poignant.

I stopped having the dream.

In that window of hers the girl across the courtyard looked like a madonna in a roadside shrine. I wondered why it was she never played with the others in the yard. Did she have a weak heart?

Angst, dass ich es nicht fertigbrächte auszusteigen, dass ich bis in alle Ewigkeit durch die Asphaltfelder fahren würde.

Dann erinnerte ich mich an das Mädchen. Ich kam zu dem Schluss, dass sie eine Sendbotin war, ausgesandt, mir zu helfen. Sie sagte: «Wenn etwas so Einfaches wie der Anblick eines kleinen Mädchens an einem Fenster dich glücklich machen kann, dann bist du vielleicht doch kein so hartgesottener Typ wie du gern wärst.» Es lag eine gewisse Vermessenheit in ihrer Botschaft – sie kannte mich kaum – aber es war was dran. Ich erinnerte mich, dass mein Vater mir hin und wieder ungefähr dasselbe gesagt hatte.

Zwei Tage danach war sie wieder da, dann nochmal zwei Tage später. Ich ging jetzt schon gleich ans Fenster, wenn ich zur Tür herein kam. Ich sprang aus dem Bus, leichtfüßig und voller Vorfreude, wie ein junger Ehemann, der zu seiner Frau zurückkommt. Ich setzte mich auf das Schlafsofa, schläfrig, aber erwartungsvoll. Es wurde Frühling. Der Hof war jetzt immer mit Sonnenlicht erfüllt, wenn ich ihn betrat. Ich fühlte, wie ich nach einem langen Winterschlaf erwachte. Eine Frau im Waschsalon bemerkte die Veränderung. Mein Spitzname für sie war Baby Jane, wie in «Was geschah wirklich mit». Sie war jemand, der nicht wusste, wo das Postamt war. Fast zehn Monate lang hatten wir kein Wort gewechselt. Eines Tages kam ich herein. Sie lehnte an ihrer Waschmaschine und las die Zeitung, die Zigarette war wie immer zwischen ihren Fingern zu einem Aschenstift heruntergebrannt. Ich sagte hallo, einfach so. Sie guckte mich an, als wäre ich verrückt, und wandte sich wieder ihrer Zeitung zu. Der Austausch war kurz, aber irgendwie ergreifend.

Ich hörte auf, den Traum zu haben.

In ihrem Fenster dort gegenüber sah das Mädchen aus wie eine Madonna in einem Schrein am Straßenrand. Ich fragte mich, warum sie nie mit den anderen im Hof spielte. Hatte sie ein schwaches Herz? War sie so ein Kind, dessen

Was she one of those kids whose parents were scared to let them out of the house? She looked so lonely. I longed to visit her, to bring her little presents, barrettes for her hair, white gloves like little girls wear on Easter Sunday.

One morning she appeared before the naked glass. I could've wept with joy. She had a wriggle for a nose and a shiny, pink mouth. Without the curtain, her eyes were fiercely dark, almost demonic. I tried to open the window, but, just my luck, it was stuck after being shut for the whole winter. I pushed on the frame as inconspicuously as I could. It didn't budge. Another push. Goddam, I thought, gritting my teeth, ready to give the fucker a good shove. I told myself to relax, thought of those Zen Buddhists who can shoot an arrow into a bullseye blindfolded. The window gave.

"Hello," I said.

Her face darkened with embarrassment.

"My name's Don," I said.

Her lips trembled.

"Tell me yours."

Her hand reached for the curtain.

"Please wait," I said.

The curtain closed. She disappeared from the window.

After sleeping I woke up, full of energy. It was my night off. I looked around. To my own surprise, I got out a bucket and some rags, went to work cleaning the apartment for the first time since I'd moved in. I pulled the funky sheets off the sofabed, got fresh ones, swept the floor, opened both windows to air out the place, then tackled the kitchen. I scrubbed off the grease of a thousand egg sandwiches from the hotplate, picked up bread from be-

Eltern Angst hatten, es aus dem Haus zu lassen? Sie sah so einsam aus. Es drängte mich, sie zu besuchen, ihr kleine Geschenke zu bringen, Spangen für ihr Haar, weiße Handschuhe, wie sie kleine Mädchen am Ostersonntag tragen.

Eines Morgens erschien sie vor der bloßen Scheibe. Ich hätte vor Freude heulen können. Sie hatte eine krause Nase und einen glänzenden rosa Mund. Ohne die Gardine waren ihre Augen grimmig dunkel, beinah dämonisch. Ich versuchte das Fenster zu öffnen, aber – mein Pech – es klemmte, nachdem es den Winter über geschlossen gewesen war. Ich drückte so unauffällig ich konnte gegen den Rahmen. Es rührte sich nicht. Noch ein Schubs. Verflucht, dachte ich und biss die Zähne zusammen, bereit, dem Mistding einen kräftigen Stoß zu versetzen. Entspannen, sagte ich mir, und dachte an die Zen-Buddhisten, die mit verbundenen Augen einen Pfeil ins Schwarze schießen können. Das Fenster gab nach.

«Hallo», sagte ich.

Ihr Gesicht verfärbte sich vor Verlegenheit.

«Mein Name ist Don», sagte ich.

Ihre Lippen zitterten.

«Sag mir deinen.»

Sie streckte die Hand nach der Gardine aus.

«Bitte warte», sagte ich.

Die Gardine ging zu. Sie verschwand vom Fenster.

Als ich ausgeschlafen hatte, war ich voller Tatendrang. Es war meine freie Nacht. Ich sah mich um. Zu meiner eigenen Überraschung holte ich einen Eimer und ein paar Lappen heraus und machte mich daran, zum erstenmal seit meinem Einzug die Wohnung zu putzen. Ich zog die stinkigen Laken vom Schlafsofa, holte frische, fegte den Boden, öffnete beide Fenster, um gut durchzulüften, und dann nahm ich die Küche in Angriff. Ich schrubbte das Fett von tausend Eier-Sandwiches von der Kochplatte und sammelte hinter dem Kühlschrank Brot auf, das aussah wie Dinohind the refrigerator that looked like dinosaur skin. When I was finished I looked around contentedly, the way God must have after creating the world.

A week later, the girl spoke. "Hello," she said, throwing a deep whisper across the yard. She held me in a glassy stare.

I choked with surprise. "Hello," I answered. "Do you remember my name?"

She nodded.

"What's yours?"

"Anna," she said. "How come you always sit at the window?"

"So I can see you."

"Look what I got," she said, holding up a doll. "Isn't she pretty? I already washed her hair."

Beside the doll's plastic perfection, Anna looked mature and poised, too old to be playing the dolls.

"What do you think I should call her?" she asked.

"Maureen," I said, caught off-guard.

"Is that a real name?"

"It was my mother's."

"Where is she?"

"She died." Anna looked at the doll apprehensively, stroking it's face. "You don't have a girlfriend, do you?"

"No."

"Why not?"

"I don't know." The question irritated me. But what did I expect from a ten-year old girl. "Will you be my girlfriend?" I said.

She frowned. "You better cut that out, Mister."

I apologized.

"Maureen can be your girlfriend," she said, my error forgotten.

"How come you never go outside, Anna?"

saurier-Haut. Als ich fertig war, sah ich mich zufrieden um, so wie es Gott nach der Erschaffung der Welt getan haben muss.

Eine Woche später sagte das Mädchen etwas. «Hallo», sagte sie in einem tiefen Flüsterton über den Hof. Ich war gebannt von ihrem glasigen Blick.

Mir stockte der Atem. «Hallo», antwortete ich. «Weißt du noch meinen Namen?»

Sie nickte.

«Und deiner?»

«Anna», sagte sie. «Wieso sitzt du immer am Fenster?»

«Damit ich dich sehen kann.»

«Schau mal», sagte sie und hielt eine Puppe hoch. «Ist sie nicht hübsch? Ich hab ihr schon das Haar gewaschen.»

Neben der künstlichen Vollkommenheit der Puppe wirkte Anna erwachsen und anmutig, zu alt zum Puppenspielen.

«Was meinst du, wie ich sie nennen soll?» fragte sie.

«Maureen», sagte ich, überrumpelt.

«Ist das ein richtiger Name?»

«Meine Mutter hieß so.»

«Wo ist sie?»

«Sie ist schon tot.» Anna sah die Puppe verständnisvoll an und streichelte ihr Gesicht. «Du hast keine Freundin, oder?»

«Nein.»

«Warum nicht?»

«Ich weiß nicht.» Die Frage ärgerte mich. Aber was konnte ich von einem zehnjährigen Mädchen erwarten. «Willst du meine Freundin sein?» sagte ich.

Sie runzelte die Stirn. «Das vergessen Sie mal ganz schnell, Mister.»

Ich entschuldigte mich.

«Maureen kann Ihre Freundin sein», sagte sie. Mein Ausrutscher war vergessen.

«Warum gehst du nie nach draußen, Anna?»

She clutched the doll to her breast as though I'd just tried to take it from her. "I don't want to," she said. Then she drew the curtains.

I didn't see her for a couple of days.

"We went to Cleveland," she explained.

"You and your family?"

"No. Me and my brother."

"How old is he?"

"Four. I have to take care of him. I have to take care of him all the time because he's very sick. If I don't he'll die. We want to run away and live on a ranch and ride ponies all day."

"How did you get to Cleveland?"

Anna tilted her head to the side playfully. "Airplane."

I grinned. Cleveland was hardly an hour's drive by car.

"The airplane was this big," she said, motioning with her hands. She had flown to Cleveland in a plane as long as a very large fish.

She told me about all the things she and her brother had done in Cleveland. He was so little she could put him in her pocket, she explained.

"Where is he now?" I asked.

"Sleeping."

"What's his name?"

Her head tilted to the side again. "His name is... Anna." Then she disappeared with a giggle.

I sat there until the curtains stopped moving. I imagined the life she led behind them: living in a cramped apartment, with a brother who might very well have been sick, with parents bewildered by the foreign world outside. I understood why she didn't mix with the other kids. She had

Sie presste die Puppe an ihre Brust, als hätte ich gerade versucht, sie ihr wegzunehmen. «Ich will nicht», sagte sie. Dann zog sie die Gardinen zu.

Ein paar Tage sah ich sie nicht.

«Wir waren in Cleveland», erklärte sie.

«Du und deine Familie?»

«Nein. Ich und mein Bruder.»

«Wie alt ist er?»

«Vier. Ich muss mich um ihn kümmern, die ganze Zeit muss ich das, weil er sehr krank ist. Wenn ich es nicht tue, stirbt er. Wir wollen weglaufen und auf einer Ranch leben und den ganzen Tag auf Ponys reiten.»

«Wie seid ihr nach Cleveland gekommen?»

Anna legte schelmisch den Kopf auf die Seite. «Flugzeug.»

Ich grinste. Cleveland war knapp eine Autostunde entfernt.

«So groß war das Flugzeug», sagte sie und zeigte es mit den Händen. Sie war nach Cleveland geflogen in einem Flugzeug, das so lang war wie ein sehr großer Fisch.

Sie erzählte mir von allem, was sie und ihr Bruder in Cleveland gemacht hatten. Er war so klein, dass sie ihn in die Tasche stecken konnte, erklärte sie.

«Wo ist er jetzt?» fragte ich.

«Er schläft.»

«Wie heißt er?»

Ihr Kopf neigte sich wieder zur Seite. «Er heißt... Anna.» Dann verschwand sie mit einem Kichern.

Ich saß da, bis die Gardinen sich nicht mehr bewegten. Ich stellte mir das Leben vor, das sie hinter ihnen führte: sie wohnte in einer vollgestopften Wohnung, mit einem Bruder, der tatsächlich krank sein mochte, mit Eltern, denen die fremde Welt draußen unheimlich war. Ich konnte verstehen, dass sie sich nicht unter die anderen Kinder her own world to play in, she and her miniature brother.

Whenever we spoke I expected an angry parent to appear and tell me to leave their daughter alone. None ever did. They were probably still asleep. Sometimes she would fall into a lifeless stare in the middle of a word, forgetting I was there. Toward the end of my shift, when my eyes stung as I walked down the corridor for the thirty-eighth time that night, I'd imagine I saw Anna and her brother on the back of a fish, flying over Cleveland in the darkness.

One morning after we spoke, I dozed off. Moments later a scream awoke me. I sprang up in bed, dazed and sweating. Outside, someone was trying to start a car that wheezed for a moment, then sputtered silent. I heard birds, my neighbor's stereo. All else was still. Had I dreamed it? I waited. The quiet was unsettling, I didn't trust it. I flopped back down but the scream kept repeating in my head. I couldn't sleep, looked out across the yard. The curtains of Anna's windows swayed in the breeze. I heard bacon sizzling, the rattle of plates. Another quiet Saturday morning. I went back to bed.

I couldn't forget it. I imagined Anna cornered in her room, covering below the thick-fingered hand of her drunken father, barking in a crazy voice about the bathroom not having been cleaned well enough, or a bed not made, then a rain of blows. Why was I so sure it had been Anna who'd screamed and not one of the other children who lived around the courtyard? And yet I was.

"I can be your girlfriend if you don't have one,"

mischte. Sie hatte ihre eigene Welt, in der sie spielte – sie und ihr winziger Bruder.

Wenn wir uns unterhielten, rechnete ich jedesmal damit, dass ihr Vater oder ihre Mutter voller Zorn auftauchen und mir sagen würde, ich solle ihre Tochter in Ruhe lassen. Keiner kam. Sie schliefen wohl noch. Manchmal verfiel sie mitten im Wort in ein lebloses Starren und vergaß, dass ich da war. Gegen Ende meiner Schicht, wenn mir die Augen weh taten, während ich zum achtunddreißigsten Mal in der Nacht den Korridor entlang ging, stellte ich mir Anna und ihren Bruder auf dem Rücken eines Fisches vor, wie sie in der Dunkelheit über Cleveland flogen.

Eines Morgens döste ich ein, nachdem wir uns unterhalten hatten. Kurz darauf weckte mich ein Schrei. Ich fuhr im Bett hoch, benommen und schwitzend. Draußen versuchte jemand, ein Auto anzulassen, das einen Moment lang keuchte und dann stotternd verstummte. Ich hörte Vögel zwitschern, die Stereoanlage meines Nachbarn. Sonst war alles still. Hatte ich geträumt? Ich wartete. Die Stille war beunruhigend, ich traute ihr nicht. Ich ließ mich zurückfallen, aber der Schrei wiederholte sich in meinem Kopf. Ich konnte nicht schlafen, ich schaute hinaus über den Hof. Die Gardinen an Annas Fenster bewegten sich im Wind. Ich hörte Speck brutzeln, das Klappern von Geschirr. Ein ruhiger Samstagvormittag. Ich ging wieder ins Bett.

Ich konnte es nicht vergessen. Ich stellte mir Anna vor, in eine Ecke ihres Zimmers gedrängt, geduckt unter der dickfingerigen Hand ihres betrunkenen Vaters, der mit bellender Stimme brüllte, das Badezimmer sei nicht gut genug geputzt oder ein Bett nicht gemacht, dann ein Hagel von Schlägen. Woher wusste ich, dass es Anna gewesen war, die geschrien hatte und nicht eines der anderen Kinder, die im Hof wohnten? Ich wusste es einfach.

«Ich kann deine Freundin sein, wenn du keine hast»,

Anna announced the next time we saw each other. She had on a dress of her mother's, she'd smeared her eyes with makeup and her mouth was dark with lipstick, reminding me of a child movie star.

"Where did you get all that from?" I said, chiding her gently. I scanned her face for signs of treachery.

"I went shopping."

"What else did you get?"

"I bought my brother new shoes."

"What kind of shoes?" I looked right at her. She returned my gaze evenly.

"Blue ones," she said, smiling.

She seemed okay.

I heard another scream the next day. I was sure it had been a child's. I remembered how Anna had talked about running away. Now I knew why. She was all I could think about. The woman in the laundromat asked me if I was all right. She even offered me a cigarette. I don't smoke but I took it anyway. I was so upset I forgot to light it. Before she left she asked if she could have the cigarette back. After Anna and I spoke I'd stay awake, waiting, listening.

One Sunday, I headed for the diner. The streets were even emptier than usual. The diner was air conditioned; I shivered in my T-shirt. I ordered and rubbed my arms to warm up, remembered the note I got with my last paycheck about vacation time. I needed it. I thought about going to Buffalo, visiting one or two people. I also felt like seeing my father, who'd been sick a lot during the winter. I figured it might be good to talk with him some. My meal came. The waitress smiled at me and just at that moment, it made me want to cry.

sagte Anna, als wir uns das nächste Mal sahen. Sie hatte ein Kleid von ihrer Mutter an, hatte die Augen mit Make-up verschmiert und den Mund dunkelrot geschminkt. Sie erinnerte mich an einen Kinderstar aus dem Kino.

«Wo hast du denn das alles her?» sagte ich mit leisem Tadel. Ich suchte in ihrem Gesicht nach Anzeichen der Lüge.

«Ich war einkaufen.»

«Was hast du sonst noch gekauft?»

«Neue Schuhe für meinen Bruder», sagte sie.

«Was für Schuhe?» Ich sah ihr gerade ins Gesicht. Sie erwiderte meinen Blick gelassen.

«Blaue», sagte sie lächelnd.

Es schien ihr gut zu gehen.

Am nächsten Tag hörte ich wieder einen Schrei. Ich war sicher, dass es der eines Kindes war. Ich dachte daran, dass Anna vom Weglaufen gesprochen hatte. Jetzt wusste ich, warum. Ich konnte nur noch an sie denken. Die Frau im Waschsalon fragte mich, ob es mir gutgehe. Sie bot mir sogar eine Zigarette an. Ich rauche nicht, aber ich nahm sie trotzdem. Ich war so durcheinander, dass ich vergaß, sie anzuzünden. Bevor sie ging, fragte sie, ob sie die Zigarette wiederhaben könne. Nachdem Anna und ich uns unterhalten hatten, blieb ich immer wach. Ich wartete, lauschte.

An einem Sonntag machte ich mich auf den Weg zum Lokal. Die Straßen waren noch leerer als sonst. Das Lokal hatte eine Klimaanlage; ich fröstelte in meinem T-Shirt. Ich bestellte und rieb mir die Arme, um warm zu werden. Mir fiel die Mitteilung meiner Urlaubsdaten ein, die ich mit dem letzten Lohnscheck erhalten hatte. Ich brauchte Urlaub. Ich dachte daran, nach Buffalo zu fahren, um ein oder zwei Leute zu besuchen. Ich wollte auch gern meinen Vater sehen, der den Winter über oft krank gewesen war. Ich meinte, es könnte gut sein, mal mit ihm zu reden. Mein Essen kam. Die Kellnerin lächelte mich an, ausgerechnet jetzt, da hätte

I almost expected the pay phone in the diner to start ringing.

The next scream I heard made me decide to go over there. "Your scheme to save Anna," I imagined my father saying. But I had to go through with it. I'd introduce myself, ask if I might take her to the zoo or the circus. I'd take a little present along – a doll, no, better: a book, something that'd convince them I was serious. I'd put on a shirt that didn't have holes in it. They wouldn't let me take her with me, that I knew, but at least I could snoop around and see what was going on there. Or, if by some chance they did, I'd call a cab the minute we got to the street and drive to the nearest police station.

I kept putting it off. Maybe I should mind my own business, I thought. But the truth was, I was scared. My fear disgusted me. I had spent years in college analyzing human misery in print but when faced with a real-life slice of it, I crumbled. Maybe I wasn't fit for anything better than guarding locked doors. Maybe my father was right about me after all: my life was just one big scheme.

My vacation was a week away. Now I feared leaving the city, afraid that something might happen while I was away. As the day for leaving approached, I came home from work in a cold sweat. The first thing I did when I walked into the house was to throw the phone off the hook. My father was the last person I wanted to speak to. I drank coffee. I paced. Then I took a deep breath, remembered the Zen archers and sat down at the window trying to look calm. On ich am liebsten geheult. Fast rechnete ich damit, dass gleich das Münztelefon im Lokal klingeln würde.

Der nächste Schrei, den ich hörte, brachte mich zu dem Entschluss, hinüberzugehen. «Dein Vorhaben, Anna zu retten», hörte ich im Geiste meinen Vater sagen. Aber ich musste es durchstehen. Ich würde mich vorstellen, fragen, ob ich mit ihr in den Zoo oder in den Zirkus gehen dürfte. Ich würde ein kleines Geschenk mitnehmen, eine Puppe, nein, besser ein Buch, etwas, das sie von meiner Seriosität überzeugte. Ich würde ein Hemd anziehen, das keine Löcher hatte. Sie würden mir nicht gestatten, sie mitzunehmen, da war ich sicher, aber wenigstens könnte ich mich umsehen und schauen, was dort vor sich ging. Falls sie es etwa doch erlaubten, würde ich, sobald wir auf der Straße wären, ein Taxi anhalten und zum nächsten Polizeirevier fahren.

Ich schob es immer wieder vor mir her. Vielleicht sollte ich mich lieber um meine eigenen Angelegenheiten kümmern, dachte ich. Aber in Wahrheit hatte ich Angst. Meine Angst widerte mich an. Ich hatte am College Jahre damit verbracht, gedrucktes menschliches Elend zu analysieren, aber sobald auch nur ein Teil davon lebendig wurde, brach ich zusammen. Vielleicht war ich zu nichts gut, als verschlossene Türen zu bewachen. Vielleicht hatte mein Vater doch recht: Mein Leben war ein einziges großes Vorhaben.

Mein Urlaub begann ich einer Woche. Jetzt hatte ich Angst, die Stadt zu verlassen. Ich fürchtete, dass etwas passieren könnte, während ich weg war. An den Tagen vor der Abreise kam ich in kalten Schweiß gebadet von der Arbeit nach Hause. Das erste, was ich tat, wenn ich die Wohnung betrat, war, den Telefonstecker herauszuziehen. Mein Vater war der letzte, mit dem ich sprechen wollte. Ich trank Kaffee. Ich lief auf und ab. Dann atmete ich tief durch, dachte an die Zen-Bogenschützen, setzte mich ans Fenster und versuchte, ruhig zu wirken. Am Montag erschien Anna und

Monday Anna appeared and announced that she and her brother were flying to the moon. She said I could come, too. Tuesday she suggested that we get married but that she'd only marry me if I agreed to adopt her brother as our son. Wednesday she said she and her brother wanted to go deep sea diving. That scared me. The river wasn't very far away; what did she have planned?

I told her I was going away for a few days.

"Can I come? Can I bring my brother along, too?"

"No."

"Why not?"

"You have to stay with your parents," I said. I waited to see how she'd answer.

"You better not go," she said angrily, and threw the curtains shut.

That was Thursday. I was supposed to leave the next day. There hadn't been a scream all week.

Friday morning, backpack on my back. Two steps past the rams, I heard a cry that went through me like laser. I raced up the stairway of her building across the yard. More cries. I rounded the landing, sweating under the weight of my pack. Another scream, then the lash of a strap. A spray of needles flew up my spine. I reached the floor where the screams came from, threw my pack down, opened the door. I stumbled through a dark corridor. A woman stood at the end. A light snapped on. She faced me, scared and grey with misery, hands limp at her sides.

I swept past her into a small room, cramped with two beds, blankets twisted to the floor. A tiny naked boy huddled in one corner, his arms locked around his head, face turned to the wall. Crimson verkündete, dass sie und ihr Bruder zum Mond fliegen würden. Sie sagte, ich könnte auch mitkommen. Am Dienstag schlug sie vor, wir sollten heiraten. Sie würde mich aber nur heiraten, wenn ich mich bereit erklärte, ihren Bruder als unseren Sohn zu adoptieren. Am Mittwoch sagte sie, sie und ihr Bruder wollten Tiefseetauchen gehen. Das erschreckte mich. Der Fluss war nicht weit weg; was hatte sie vor?

Ich sagte ihr, dass ich für ein paar Tage wegfahren würde.

«Kann ich mitkommen? Kann ich auch meinen Bruder mitbringen?»

«Nein.»

«Warum nicht?»

«Du musst bei deinen Eltern bleiben», sagte ich. Ich wartete, was sie antworten würde.

«Du fährst besser nicht», sagte sie wütend und riss die Gardinen zu.

Das war am Donnerstag. Am nächsten Tag sollte ich fahren. Die ganze Woche war kein Schrei zu hören gewesen.

Freitagmorgen, Rucksack auf dem Rücken. Zwei Schritte hinter den Terrakotta-Widdern hörte ich einen Schrei, der mich wie ein Laserstrahl durchfuhr. Ich raste die Treppe ihres Hauses auf der anderen Seite des Hofes hinauf. Wieder Schreie. Ich lief um den Treppenabsatz herum, unter dem Gewicht meines Rucksacks schwitzend. Noch ein Schrei, dann das Peitschen eines Riemens. Tausend Nadelstiche liefen mir den Rücken hinauf. Ich erreichte das Stockwerk, aus dem die Schreie kamen, ließ meinen Rucksack fallen und öffnete die Tür. Ich stolperte durch einen dunklen Flur. Am Ende stand eine Frau. Das Licht ging an. Die Frau stand mir zugewandt, verängstigt und grau vor Kummer, die Hände schlaff an den Seiten herunterhängend.

Ich fegte an ihr vorbei in ein kleines Zimmer, in das zwei Betten gepfercht waren. Decken hingen unordentlich auf den Boden. Ein kleiner nackter Junge hockte in einer Ecke, die Arme schützend um den Kopf gelegt, mit dem Gesicht lashes ringed his body, he moaned softly. I turned, Anna stood, half hidden by the door, as if in wait. She had her mother's dress on again. It twisted around her feet along the floor. Her mouth was hideous with its smear of lipstick. She held a strap in her hand. She took a step forward and lifted her arms toward me.

"Get out," said the woman from behind me. "Please get out." She knelt down to collect the boy in her arms.

Anna touched my arm. "I love you," she whispered.

I ran back to my apartment. The phone was ringing.

zur Wand. Tiefrote Striemen bedeckten seinen Körper, er stöhnte leise. Ich drehte mich um. Anna stand, halb verdeckt von der Tür, abwartend da. Sie hatte wieder das Kleid ihrer Mutter an. Es wand sich am Boden um ihre Füße. Ihr Mund war abscheulich mit Lippenstift verschmiert. Sie hielt einen Riemen in der Hand. Sie machte einen Schritt vorwärts und streckte mir die Arme entgegen.

«Gehen Sie», sagte die Frau hinter mir. «Bitte gehen Sie.» Sie kniete sich hin, um den Jungen in die Arme zu nehmen.

Anna berührte meinen Arm. «Ich liebe dich», wisperte sie.

Ich rannte zurück in meine Wohnung. Das Telefon klingelte.

Ever since I was five or six years old, I've had the idea that before I go to sleep at night I need to ask God to bless everyone I love, individually. I'm afraid that if I forget someone's name, something awful will happen to that person, and it will be my fault for forgetting because so often bad things happen to people you love right at the moment that you're not thinking about them. You may be having a good time, watching TV or laughing with a friend, and all of a sudden the phone rings with some terrible news, and it's your fault because you let down your guard. When Mr Stenton died, I hadn't asked God to bless him the night before because I had fallen asleep in the middle of my list, and I wasn't even thinking about school or him or anything like that when the phone rang and it was Paula Whatsherface telling me he'd been drowned she thought but wasn't sure. I'd just been standing there in the kitchen eating a tomato and mayonnaise sandwich and not been thinking about him, and all the other moments I'd thought about him. that day didn't count for anything next to that moment where I hadn't been thinking about him.

I didn't look in his coffin. I sat with my mother and watched all those eyes flooding up, eyes that never even noticed that the shoelace on his left shoe were more frayed than those on the right one or that there was a mole on the nuckle of his middle finger on his left hand.

His fingernails were always clean and filed, and he had the hairy, speaky hands of a cave-wall painter. He read to us, and when he read his eyes

Jane P. Hatley: Bis Menschenstimmen uns wecken

Seit meinem fünften oder sechsten Lebensjahr habe ich die Vorstellung, dass ich abends vor dem Einschlafen Gott bitten muss, jeden, den ich liebe, zu behüten, jeden einzelnen. Ich habe Angst, dass, wenn ich einen Namen vergesse, diesem Menschen etwas Schreckliches zustoßen wird, und dass es meine Schuld ist, weil ich ihn vergessen habe, denn so oft geschieht den Menschen, die du liebst, etwas Schlimmes gerade in dem Augenblick, in dem du nicht an sie denkst. Du hast es vielleicht gerade besonders gut, siehst fern oder lachst mit Freunden, und plötzlich klingelt das Telefon, und du bekommst eine entsetzliche Nachricht, und du bist schuld, weil du nicht wachsam warst. Am Abend bevor Mr Stenton starb, hatte ich Gott nicht gebeten, ihn zu behüten, weil ich mitten in meiner Aufzählung eingeschlafen war, und ich dachte auch nicht an die Schule oder an ihn oder an etwas ähnliches, als das Telefon klingelte und Paula Whatsherface mir sagte, sie glaube, er sei ertrunken, aber sie wisse es nicht genau. Ich war gerade in der Küche gestanden und hatte ein Tomatensandwich mit Mayonnaise gegessen und hatte nicht an ihn gedacht, und all die andern Augenblicke, in denen ich an diesem Tag an ihn gedacht hatte, zählten nicht angesichts des einen, in dem ich nicht an ihn gedacht hatte.

Ich schaute nicht in seinen Sarg. Ich saß neben meiner Mutter und sah all diese Augen, aus denen Tränen liefen, Augen, die nie bemerkt hatten, dass der Schnürsenkel an seinem linken Schuh abgewetzter war als der am rechten, und dass an seiner linken Hand auf dem Knöchel des Mittelfingers ein Muttermal war.

Seine Fingernägel waren immer sauber und ordentlich gefeilt, und er hatte die haarigen, ausdrucksvollen Hände eines Höhlenmalers. Wenn er uns etwas vorlas, folgten followed the print and then rose slowly up, looking just over the edge of the page at us.

I always smiled then. I spent my life smiling at him that year, smiling to make up for those faces of brick and wax that did not believe it is more blessed to give than to receive because they did not even know to receive what he was offering. But I was there, and the day we read "A Streetcar Named Desire" he let me be Blanche DuBois. I did not think he would see my hand, but he called on me and I walked up there in front of those people who did not know *I had it in me*, because they didn't know anything. And I saw the lantern and I told them all about my dead husband, the boy I married, "just a boy when I was a very young girl".

Mr Stenton was only twelve when he first read "A Clean, Well-Lighted Place", and he said the wind outside his basement room in his parents' house – he always spoke lovingly of his parents – my mother liked that about him and she defended him at PTA meetings to parents who said he was corrupting us with things we shouldn't read – he said the night outside his room, a room filled for twelve years with his books, his pencil-shavings, his odors – was howling and crazy, and he ran upstairs to the kitchen and turned on all the lights – and we talked about death that day.

I suppose I'd like most to die a quick death, he said – one shot through the temple – that way I'd never know what was going on. Tom Hall said he liked what Shakespeare said about death by water, but Mr Stenton said he couldn't think of a worse way to die because it would be so slow, the mind working the whole time, especially since nowadays you couldn't even have a sea change because seine Augen dem Gedruckten, schauten dann langsam auf und sahen uns unmittelbar über dem Rand des Blattes an.

Ich lächelte dann immer. In diesem Jahr verbrachte ich meine Tage damit, ihm zuzulächeln; ich lächelte als Wiedergutmachung für all die Gesichter aus Stein und Wachs, die nicht glaubten dass es seliger ist zu geben, denn zu nehmen, weil sie nicht einmal zu nehmen wussten, was er uns anbot. Aber ich war da, und als wir «Endstation Sehnsucht» lasen, ließ er mich Branche DuBois sein. Ich hatte nicht gedacht, dass er meine Hand sehen würde, aber er rief mich auf, und ich ging vor und stellte mich vor diese Leute, die nicht wussten, dass es *in mir* war, weil sie gar nichts wussten. Und ich sah die Laterne und erzählte ihnen von meinem toten Mann, dem Jungen, den ich geheiratet hatte, «ein Junge noch, und ich war ein sehr junges Mädchen».

Mr Stenton war erst zwölf, als er zum ersten Mal «Ein sauberes, hell erleuchtetes Café» las; er sagte, der Wind draußen vor dem Kellerzimmer im Haus seiner Eltern – er sprach immer liebevoll von seinen Eltern – meiner Mutter gefiel das an ihm, und sie nahm ihn bei Elternabenden immer in Schutz vor Eltern, die sagten, er verderbe uns mit Sachen, die wir nicht lesen sollten – er sagte, diese Nacht draußen vor seinem Zimmer, einem Zimmer, in zwölf Jahren angefüllt mit seinen Büchern, seinen Bleistiftspänen, seinem Geruch sei voll Heulen und Wahnsinn gewesen, und er sei in die Küche hinauf gerannt und habe alle Lichter angedreht – und an dem Tag sprachen wir über den Tod.

Ich denke, am liebsten würde ich einen schnellen Tod sterben, sagte er – einen Schuss in die Schläfe – so würde ich gar nicht merken, was geschieht. Tom Hall sagte, ihm gefalle, was Shakespeare über den Tod durch Ertrinken geschrieben habe, aber Mr Stenton sagte, er könne sich keine schlimmere Art zu sterben vorstellen, weil es so langsam gehe, und der Verstand dabei die ganze Zeit arbeite; und besonders heute, wo man nicht einmal durch das Meer someone would be bound to drag you out of the water and put you in a metal box before your body could turn to coral.

I told him in my journal that my grandfather had had himself buried in a pine box, so he could get back to mud and minerals as soon as possible.

I never showed my journal to anyone else but him – not even my mother. She begged me to let her read it, but I cried so she let me alone, and I hid it in my drawer under my winter pyjamas, left of my old garter belts. She never looked there because she expected it in places like under my pillow.

Every afternoon I wrote to him in my journal. I wrote a play for him once about the train we were on one summer that crashed and hit a car with a mother and two little boys. The boys lived, but the mother's head was cut off. My father had to go out there and cover her headless body with his raincoat, and her blood got all over the silk lining of his coat. He sent it to the drycleaner's and they said the stains came out, so my father wears the coat sometimes. But I walk from him and do not look because the rain might soak through the lining.

He read my play to the class, and I heard the words and lost a layer of skin. I shed my skin listening to him and walked out of the room, burning fire, breathing light. Sometimes at night I see him reading my play, smiling at me, and I turn in my bed and cannot sleep.

I left the yearbook on his desk, but I did not go in to talk to him. I stood outside the office door and read little bits of the poster over his desk as I walked back and forth: "War is… not healthy…"

verwandelt werden könne, weil man mit Sicherheit herausgezerrt und in eine Metallkiste gelegt würde, bevor der Körper zu Koralle werden könnte.

In meinem Tagebuch erzählte ich ihm, dass sich mein Großvater in einem Kiefernsarg hatte begraben lassen, um so schnell wie möglich wieder Erde und Staub zu werden.

Mein Tagebuch zeigte ich niemandem außer ihm – nicht einmal meiner Mutter. Sie bat mich, sie es lesen zu lassen, aber ich heulte, so dass sie mich in Ruhe ließ, und ich versteckte es in einer Schublade unter meinen Winterschlafanzügen, links von meinen alten Strumpfhaltern. Dort schaute sie nie nach, da sie es an Stellen wie unter meinem Kopfkissen vermutete.

Jeden Nachmittag schrieb ich ihm in meinem Tagebuch. Einmal schrieb ich für ihn ein Stück darüber, wie wir eines Sommers in einem Zug fuhren, der mit einem Auto zusammenstieß, in dem eine Mutter und zwei kleine Jungen saßen. Die Jungen blieben am Leben, aber der Mutter war der Kopf abgerissen worden. Mein Vater musste hinausgehen und den enthaupteten Körper mit seinem Regenmantel bedecken, und das ganze Seidenfutter seines Mantels war voll Blut. Er brachte ihn zur Reinigung, und sie sagten, die Flecken seien rausgegangen, und so trägt mein Vater den Mantel manchmal. Aber ich laufe dann nicht neben ihm und schaue nicht hin, denn der Regen könnte das Futter durchweichen.

Er las der Klasse mein Stück vor; ich hörte die Worte, und mir kam eine Schicht meiner Haut abhanden. Ich häutete mich, während ich ihm zuhörte, und ging aus dem Raum, brennendes Feuer, atmendes Licht. Manchmal sehe ich ihn nachts, wie er mein Stück liest und mir zulächelt, und dann wälze ich mich im Bett und kann nicht schlafen.

Ich ließ das Klassenjahrbuch auf seinem Schreibtisch, aber ich ging nicht hinein, um mit ihm zu reden. Ich stand vor der Tür seines Büros und las Bruchstücke des Plakats über seinem Schreibtisch, während ich auf und ab ging:

and I heard bits of his conversation, too, sounding the way words used to sound when I cupped my hands over my ears and moved them out and back in, catching waves of my parents' voices, breaking down into undulating sounds. Once I stopped right in front of his door and finished reading the poster: "and other living things". He waved to me, still talking into the phone. I waved back and then ran down the hall, even though there were still twenty minutes before the bus would come, and ran to the bus stop, saying, It doesn't matter. He knows already.

I picked up the yearbook between classes on the last day of school, but he wasn't in his office. I didn't know that he thought I was a "sensitive and vulnerable little creature" till then, so I was embarrassed and could not talk to him that day. I knew I would see him again.

But he got taken in by those who say, Oh yes, we know exactly what you mean. He asked six of them down for a weekend at his cabin on the river – my mother said he always did think his students were older than they were – and Carol, who didn't like the "Zoo Story" went swimming too near the dam, and, fool that he was, he forgot everything and jumped in, too. Paula Martin called me up and said she'd heard the "ugly rumor" and was it true? and I screamed and dropped the receiver, but I did not scream in grief. I refuse to mourn stupid deaths, and I will not mourn his.

I did go to the funeral, but I made my face marble – no water came out of my eyes – and I refused to offer Carol penance when she collapsed, begging the congregation to forgive her.

I could not look in his coffin.

«Krieg ist... nicht gesund...», und ich hörte auch Bruchstücke des Gesprächs, es hörte sich an, wie Worte sich anhörten, wenn ich die Hände auf die Ohren hielt und abwechselnd zudrückte und losließ und dabei die Stimmen meiner Eltern wie Brandungswellen hörte, in auf- und abschwellenden Tönen. Einmal blieb ich unmittelbar vor der Tür stehen und las das Plakat zu Ende: «und andere lebendige Dinge». Er winkte mir zu, immer noch telefonierte er. Ich winkte zurück, dann rannte ich durch den Flur, obwohl der Bus erst in zwanzig Minuten kam, ich rannte zur Haltestelle und sagte: Es macht nichts. Er weiß schon.

Ich holte das Jahrbuch zwischen den Kursen am letzten Schultag, aber er war nicht in seinem Büro. Bis dahin hatte ich nicht gewusst, dass er mich für ein «feinfühliges, verletzliches kleines Wesen» hielt; darum war ich verwirrt und konnte an diesem Tag nicht mit ihm reden. Ich wusste, dass ich ihn wieder sehen würde.

Aber er wurde hereingelegt von denen, die sagen, O ja, wir wissen genau, was Sie meinen. Sechs von ihnen lud er ein zu einem Wochenende in seiner Hütte am Fluss – meine Mutter sagte, er halte seine Schüler immer für älter als sie waren – und Carol, die die «Zoogeschichte» nicht mochte, schwamm zu nahe an das Stauwehr, und er, Narr, der er war, vergaß alles und sprang hinterher. Paula Martin rief mich an und sagte, sie habe das «hässliche Gerücht» gehört, und ob es wahr sei, und ich schrie auf und ließ den Hörer fallen, aber ich schrie nicht vor Kummer. Ich lehne es ab, einen sinnlosen Tod zu betrauern, und ich werde auch seinen nicht betrauern.

Ich ging zum Begräbnis, aber ich ließ mein Gesicht zu Stein werden – keine Träne kam aus meinen Augen – und ich verweigerte Carol das Beichtsakrament, als sie zusammenbrach und die Versammelten um Verzeihung bat.

Ich konnte nicht in seinen Sarg schauen.

My mother drove me out to see his grave last week, and she let me take her sprinkler bottle for ironing, filled with water to water the grass on his grave. I put salt in the water, but I did not tell her. My father says that seawater sometimes breaks down even the metal hulks of ships after years and years.

Letzte Woche fuhr mich meine Mutter hinaus zu seinem Grab und ließ mich ihre Sprühflasche zum Bügeln mit Wasser gefüllt mitnehmen, um das Gras auf seinem Grab zu begießen. Ich tat Salz ins Wasser, erzählte es ihr aber nicht. Mein Vater sagt, dass Meerwasser manchmal nach vielen, vielen Jahren sogar die Metallrümpfe von Schiffen zersetzt.

When his father first sent him down to the basement under the pastry shop on Bleecker Street to mix dough for sesame cookies, Placido was fifteen, and he kept looking behind the hundred-pound sacks of flour and sugar for the scratching rats.

"The rats don't hurt you," said his father, Leone Addomesticato. "But no trust the machine. It take you in the pot. Use your head."

Of more concern to Placido than the iron-corseted motors and the turning armatures were the creatures in the dark corners. At least once during each day's batch, when the dough mixer was still, a rat came out. For an instant, Placido and the rat stared at each other like strangers on the Broadway trolley, possibly wanting to be friends but each very wary.

A virtual prisoner in the basement to do grown-up work, as expected of many boys and girls in immigrant families in 1918 when child-labor laws didn't exist, Placido at first resented his job. But later, he was persuaded by his father that he was helping to pay their bills, and then he took some pride in his work.

When Placido's fellow prisoners, the fat rats, looking like small Jack London wolves, didn't bite him, he became used to their rasping, the muslin tearing, and their excavation of caves inside the flour. Not fearing them any longer, Placido began to think they were there for his amusement

If a bold one sprang out, as if a trap were mistakenly ejecting it instead of catching it (traps were tripped but always empty), Placido talked to the rat softly to gain its confidence. It wasn't fooled. Then Placido invented a game. Sitting high on the full

Sal La Puma: Die mit ihren Filzhüten

Als ihn sein Vater zum ersten Mal in den Keller unter dem Kuchenbäckerladen schickte, damit er Teig für Sesamplätzchen machte, war Placido fünfzehn, und er musste immerzu hinter die Zentnersäcke mit Mehl und Zucker nach den kratzenden Ratten sehen.

«Die Ratten tun dir nichts», sagte sein Vater, Leone Addomesticato. «Aber trau der Maschine nicht. Sie zieht dich in den Kessel. Gebrauch deinen Verstand.»

Größere Sorgen als um die eisenverkleideten Motoren und die sich drehenden Magnetanker machte sich Placido um die Tiere in den dunklen Ecken. Mindestens einmal während jeder Tagesproduktion kam, wenn die Maschine stand, eine Ratte heraus. Placido und die Ratte starrten sich kurz an wie Fremde in der Broadwaybahn, die sich vielleicht gern anfreunden würden, aber nur sehr vorsichtig.

Als ein echter Gefangener im Keller, der die Arbeit von Erwachsenen tun musste, wie es von vielen Jungen und Mädchen in Einwandererfamilien 1918 erwartet wurde, als es keine Gesetze gegen Kinderarbeit gab, hasste Placido zunächst seinen Job. Aber später machte sein Vater ihm klar, dass er half, die Rechnungen zu zahlen, und dann war er ein bisschen stolz auf seine Arbeit.

Als Placidos Mitgefangenen, die fetten Ratten, die aussahen wie kleine Jack-London-Wölfe, ihn nicht bissen, gewöhnte er sich daran, dass sie raschelten, den Nessel zerfetzten und Gänge in das Mehl gruben. Da er sie nicht länger fürchtete, begann Placido zu glauben, sie seien zu seiner Unterhaltung da.

Wenn eine Mutige hervorsprang, als würde eine Falle sie versehentlich auswerfen statt sie zu fangen (die Fallen schnappten zu, waren aber immer leer), sprach Placido leise zu der Ratte, um sie zutraulich zu machen, und er tat ihnen wirklich nichts. Dann erfand Placido ein Spiel. Er sacks, and pulling the light cord, he sat quietly. Confessional darkness and silence misled a few rodents into leaving their hiding places. The light snapped on again, they all scurried away like thieves when the black maria drove up at Washington Square Park.

When he tired of the game, he raised its ante by taking his father's six-shooter from under the cash register. With a handful of extra bullets, Placido again took his sentry post in the dark. After a few minutes, those rats daring to come out he shot dead.

At the short range, Placido rarely missed. Every day he killed a few until none was left. Taking each dirty rat by its tail to his father, Placido was rewarded a dime for each rat. It was then cremated with their trash in the backyard incinerator.

When all the rats were gone, the dough mixer with its slow monotonous humming was the only other thing pretending to be alive in the basement. Then Placido missed the secret noises, the unexpected gooseflesh as a rat appeared, and he was sorry they were all dead.

In 1943, the bakery lady, the library lady, and other shopkeepers had no part-time work to offer Placido's son, Leone, who had his grandfather's name as was the custom, and now young Leone was before a storefront without a sign, the windows painted in dark green in which Leone was seeing himself. As he went in, the bell overhead tinkled, but he had to wait. The young woman finally coming out from the back had blonde curls as round as his fists and breasts like twin babies.

"What's on your mind, sonny?" she said, as if

setzte sich hoch oben auf die vollen Säcke, zog an der Lichtschnur und blieb still sitzen. Vertrauenswürdige Dunkelheit und Ruhe verleiteten ein paar Nager, ihre Verstecke zu verlassen. Das Licht ging wieder an, und sie huschten alle weg wie Diebe, wenn beim Washington Square Park die Grüne Minna auftaucht.

Als er von dem Spiel genug hatte, erhöhte er den Einsatz, indem er den Revolver seines Vaters unter der Kasse hervorholte. Mit einer Handvoll Reservekugeln nahm Placido wieder seinen Wachposten in der Dunkelheit ein. Wenn sich nach ein paar Minuten wieder eine Ratte heranwagte, schoss er sie tot.

Aus der kurzen Entfernung verfehlte Placido sie selten. Jeden Tag tötete er ein paar, bis keine mehr übrig war. Placido brachte jede Drecksratte am Schwanz zu seinem Vater und wurde mit einem Zehncentstück für jede Ratte belohnt. Dann wurde sie mit dem Müll in dem Ofen im Hinterhof verbrannt.

Als alle Ratten weg waren, war der Teigmischer mit seinem eintönigen Summen das einzige im Keller, das so tat, als wäre es lebendig. Da vermisste Placido die geheimnisvollen Geräusche, die plötzliche Gänsehaut, wenn eine Ratte auftauchte, und es tat ihm leid, dass sie alle tot waren.

1943 hatten weder die Frau aus der Bäckerei, noch die Frau aus der Buchhandlung, noch andere Geschäftsleute einen Job für Placidos Sohn, für Leone, der den Namen seines Großvaters trug, wie es Sitte war, und nun stand der junge Leone vor einer Ladenfront ohne Schild, die Fenster, in denen er sich selbst sah, waren dunkelgrün gestrichen. Als er hineinging, läutete die Glocke über der Tür, aber er musste warten. Die junge Frau, die schließlich von hinten kam, hatte blonde Locken, rund wie seine Fäuste, und Brüste wie Zwillingsbabys.

«Was willst du, Bübchen?» sagte sie, als wäre Leone ganz

Leone had some nerve coming in, since it wasn't really a store but a sparse office masquerading as one.

"Can you use a kid? Three hours afternoons? And Saturdays?" said Leone.

"This ain't no place for a kid," she said, propping her behind on the desk as if it took too much strength to hold up.

"I'm asking in all the stores," said Leone. "I put up stock for Bohack's. Delivered capons for Hy's. And swept up for Nino's. Nino was teaching me to cut hair. On kids. Then he got sick."

"So what's your name?" she said.

"Leone Addomesticato. I was born over on 16th Avenue."

"If a certain guy's here. I'll have to see. He might talk to you. Don't touch nothing."

The only things to touch were the desk, a couple of chairs, a typewriter, a phone, the *Daily News* open to the race tracks, a cascading ashtray, and, for lack of water in their drinking-glass vase, daffodils hanging their heads.

The slim guy coming out from the back was in a suit the color of coal ash. His shoulders stuck way out. And his tie and handkerchief were bright blue like Leone's eyes (inherited from his father, the color surprised other Sicilian kids, unsure if he really was one of them). The guy's black-band gray fedora looked brand new. He almost looked brand new himself, with a fresh shave, fresh smell, and a black mustache so skinny perfect it looked drawn on.

He lit a Camel. After inhaling, he acted as if he had made a mistake by not offering Leone one. So schön mutig, hereinzukommen, da es gar kein echter Laden war, sondern ein einfaches Büro, wenn auch wie ein Laden zurechtgemacht.

«Könnten Sie einen Jungen brauchen? Drei Stunden nachmittags? Und samstags?» fragte Leone.

«Das ist kein Ort für einen Jungen», sagte sie und stützte sich mit dem Hinterteil auf den Schreibtisch, als koste es zu viel Kraft, sich aufrecht zu halten.

«Ich frage in allen Läden», sagte Leone. «Ich habe schon bei Bohack Vorräte gestapelt. Für Hy Kapaune ausgeliefert. Und bei Nino gekehrt. Nino zeigte mir, wie man Haare schneidet. Bei Kindern. Dann wurde er krank.»

«Und wie heißt du?» sagte sie.

«Leone Addomesticato. Ich stamme von der 16th Avenue drüben.»

«Ich muss mal nachsehen, ob ein bestimmter Mann hier ist. Er wird vielleicht mit dir reden. Fass nichts an.»

Die einzigen Dinge zum Anfassen waren der Schreibtisch, ein paar Stühle, eine Schreibmaschine, ein Telefon, die *Daily News*, die bei den Rennergebnissen aufgeschlagen war, ein überquellender Aschenbecher und Narzissen, die die Köpfe hängen ließen, weil in dem Trinkglas, das sie als Vase hatten, das Wasser fehlte.

Der schlanke Mann, der von hinten kam, trug einen Anzug in der Farbe von Kohlenasche. Die Schultern waren breit. Und seine Krawatte und das Einstecktuch waren blau wie Leones Augen (die hatte er von seinem Vater geerbt; die Farbe wunderte die anderen Sizilianerkinder; sie fragten sich, ob er wirklich einer von ihnen war). Der graue Filzhut des Mannes hatte ein schwarzes Band und sah ganz neu aus. Er selbst sah fast wie neu aus, frisch rasiert, mit einem frischen Geruch und einem schwarzen Schnurrbart, so perfekt schmal, dass er wie aufgemalt aussah.

Er zündete sich eine Camel an. Nachdem er daran gezogen hatte, verhielt er sich, als habe er einen Fehler gemacht, then he did. And Leone took it. The guy flicked his gold lighter, and Leone took a puff, and the guy took a puff. Then the guy grinned like a shark, as if Leone were a dumb kid trying to act older, but Leone took another drag as if he didn't know what the guy was thinking, but he did. When a cough felt like coming up, Leone stuffed it down again and knocked off his ash.

"Sylvia says. You're looking for a job."

"For spending money," said Leone.

Sylvia, now sitting behind her desk, said, "This here's Mr Anthony Tempesta. You know who he is? Most important guy around Bensonhurst. Around Brooklyn even."

Sylvia's introduction put a light in Mr Tempesta's cancelled eyes under lazy eyelids. Grinning again, he gave Sylvia's arm a little pat. Mr Tempesta's teeth were blinding and he seemed to like to show them, and Leone was waiting for what would be coming out from his teeth. Leone was pretty sure it wouldn't be something easy like sweeping up curly locks.

"You smart?"

"I'm not bragging. I even skipped a year."

"Sicilian kids. They don't study. *Stupido.* It's important you learn. Your father. What's he do?"

Leone told him his father was a pastryman like his father, but that he wasn't going to be a pastryman. He didn't want to sweat all the time by the hot ovens. Maybe he'd be a salesman and drive a new car.

"Let me ask you," said Mr Tempesta, sitting, while Leone remained standing. "Who else's in your family? Where do you live? You have friends? A girl? You save your money?"

Leone keine anzubieten. Also tat er es nun. Und Leone nahm sie. Der Mann klickte mit seinem goldenen Feuerzeug, und Leone tat einen Zug, und der Mann tat einen Zug. Dann grinste der Mann wie ein Hai, als sei Leone ein dummer Junge, der tat, als sei er älter, aber Leone zog noch einmal, als wüsste er nicht, was der Mann dachte. aber er wusste es. Als er meinte, er müsse husten, schluckte Leone es hinunter und schnappte seine Asche ab.

«Sylvia sagt, du suchst einen Job.»

«Damit ich Taschengeld habe», sagte Leone.

Sylvia, die nun hinter ihrem Schreibtisch saß, sagte: «Das hier ist Mr Antony Tempesta. Weißt du, wer er ist? Der wichtigste Mann von Bensonhurst. Sogar von ganz Brooklyn.»

Sylvias Vorstellung ließ Mr Tempestas ausdruckslose Augen unter den trägen Lidern aufleuchten. Er grinste wieder und tätschelte leicht Sylvias Arm. Mr Tempestas Zähne waren blendend weiß, und er schien sie gern zu zeigen, und Leone wartete, was zwischen diesen Zähnen hervorkommen würde. Leone war ziemlich sicher, dass es nicht sowas Einfaches sein würde wie Locken zusammenkehren.

«Bist du schlau?»

«Ich gebe nicht an, aber ich habe sogar ein Jahr übersprungen.»

«Sizilianische Jungen. Sie lernen nicht. *Stupido.* Es ist wichtig zu lernen. Dein Vater. Was macht er?»

Leone erzählte ihm, sein Vater sei Feinbäcker, genauso wie der Großvater, aber er wolle nicht Bäcker werden. Er wolle nicht die ganze Zeit bei den heißen Backöfen schwitzen. Vielleicht würde er Handlungsreisender werden und ein neues Auto fahren.

«Ich will dich was fragen», sagte Mr Tempesta, der saß, während Leone noch stand. «Wer gehört noch zu deiner Familie? Wo wohnst du? Hast du Freunde? Ein Mädchen? Sparst du dein Geld?»

Talking for five minutes, Leone was sweating and going dry at the same time. Then Mr Tempesta held out his hand. Leone went over and shook hands.

"So what's the job?" said Leone.

"I like you. You talk," said Mr Tempesta. "So far, so good. I consider you my friend. A Sicilian friend ain't somebody just to borrow four bits. He's a right arm. But it should be two ways. No?"

"Sure."

"Come in the back. You want this job – fine. If not – fine too. Don't blab all over the street. You could make a few bucks. Like Sylvia. Sylvia Cohen. You two could run this place. But first. We see. If you could see the good in what we do."

Since Mr Tempesta was slim he was fitting between the oil drums without soiling his suit. On the platform were two huge vats. A machine was attached to the workbench. Another machine was on the floor. And boxy cans without tops were against one wall stacked in a picturebook castle.

"You're in the oil business," said Leone.

"Your mother. When she makes sauce. The salad. What kind of oil she use? You know?"

"Olive oil," said Leone.

"Here we make the olive oil. We don't get it from Italy. With the war on. But we have to have the olive oil. So a little magic. To make the mamas happy. And we make the money."

Mr Tempesta's fingernails, dark ruby on his right pinkie, and ruby cuff links sparkled. The hardest work he did, guessed Leone, was to flick his gold lighter. But now Mr Tempesta surprised Leone by taking off his jacket and tie. Rolling up

Während er fünf Minuten redete, schwitzte Leone und fühlte sich gleichzeitig ausgetrocknet. Dann streckte Mr Tempesta die Hand aus. Leone ging hin und schüttelte sie.

«Was ist nun meine Arbeit?» sagte Leone.

«Du gefällst mir. Du sagst was», sagte Mr Tempesta. «So weit, so gut. Ich betrachte dich als meinen Freund. Ein sizilianischer Freund ist nicht jemand, von dem man nur ein paar Cent ausleiht. Er ist der rechte Arm. Aber es sollte umgekehrt genauso sein. Oder?»

«Klar.»

«Komm nach hinten. Willst du den Job – gut. Wenn nicht – auch gut. Erzähl es nicht überall herum. Du könntest ein paar Dollar verdienen. Wie Sylvia. Sylvia Cohen. Ihr zwei könntet dies hier schaffen. Aber erst lass sehen, ob du siehst, wozu das gut ist, was wir machen.»

Da Mr Tempesta schlank war, passte er zwischen den Ölfässern durch, ohne seinen Anzug zu beschmutzen. Auf der Rampe standen zwei riesige Bottiche. Eine Maschine war an der Werkbank angebracht. Eine weitere Maschine stand auf dem Boden. Und kastenförmige Kanister ohne Deckel waren an einer Wand zu einer Bilderbuchburg aufgestapelt.

«Dann sind Sie im Ölgeschäft», sagte Leone.

«Deine Mutter. Wenn sie Soße macht. Salat. Welches Öl nimmt sie? Weißt du das?»

«Olivenöl», sagte Leone.

«Hier machen wir das Olivenöl. Wir bekommen es nicht aus Italien. Wegen des Krieges. Aber wir müssen Olivenöl haben. Deshalb ein wenig Zauber. Um die Mamas glücklich zu machen. Und wir verdienen das Geld.»

Mr Tempestas Fingernägel, ein dunkler Rubin an seinem rechten kleinen Finger und Rubinmanschettenknöpfe funkelten. Seine schwerste Arbeit, so dachte Leone, bestand darin, sein goldenes Feuerzeug anzumachen. Aber nun überraschte Mr Tempesta Leone, indem er Jacke und his sleeves, he was putting on the rubber apron from his neck to his feet.

"You make the oil from olives?" said Leone.

"This drum. See what it says?"

"Corn oil."

"This drum?"

"Peanut oil."

"We don't use too much the soya," said Mr Tempesta. "Pure soya, when it's fried, it smells fishy. When people use our olive oil. Madonna Mia Olive Oil. We don't want them having fish oil. It says here on the can – 100% virgin olive oil. Imported from Lucca, Italy. Virgin from the first pressing. So what we make has to be good as the label. So we mix up the oils."

"Isn't it against the law?" said Leone.

"Yeah. It is. So you want to go? Or you want to hear how we get the oil in these vats?"

"I want to hear," said Leone.

"We have the electric pump," said Mr Tempesta, lifting a drum lid with a crowbar. "You pump half the corn. Half the cottonseed. Half the peanut. And a quarter of the soya. You do that for both vats. Then you go rowing."

When both vats were filled now, Mr Tempesta handed Leone an oar and Leone stirred the oils. From the tin candy box with raised roses on the lid, Mr Tempesta took out a cough medicine bottle. "This here's pure color. A guy in Jersey makes it. Start with an ounce. Then an ounce of essence from this one. Essence gives the smell, the taste. You stir again. Then you open the spigot. Fill the glass. Look at the color. Smell. Put in your finger. You should be tasting olives. Your mother. It's hard to fool her. No? That's what we have to do. Take care

Krawatte ablegte. Er rollte die Ärmel auf und band sich eine Gummischürze vor, die vom Hals bis zu den Füßen reichte.

«Machen Sie Öl aus Oliven?» sagte Leone.

«Dieses Fass. Was steht drauf?»

«Maisöl.»

«Dieses Fass?»

«Erdnussöl.»

«Sojaöl benutzen wir nicht so viel», sagte Mr Tempesta. «Reines Sojaöl riecht, wenn man es zum Braten nimmt, nach Fisch. Wenn die Leute unser Olivenöl nehmen, Madonna Mia Olivenöl, wollen wir nicht, dass sie Fischöl haben. Hier auf dem Kanister steht: 100% reines Olivenöl. Importiert aus Lucca, Italien. Rein aus der ersten Pressung. Was wir machen, muss so gut sein wie die Aufschrift. Deshalb mischen wir die Ölsorten.»

«Ist das nicht gegen das Gesetz?» fragte Leone.

«Ja. Ist es. Willst du nun gehen? Oder willst du hören, wie wir das Öl in diese Bottiche bekommen?»

«Ich will es hören», sagte Leone.

«Wir haben eine elektrische Pumpe», sagte Mr Tempesta und hob den Deckel eines Fasses mit einer Brechstange an. «Du pumpst die Hälfte Mais hinein. Die Hälfte Baumwollsamen. Die Hälfte Erdnuss. Und ein Viertel Soja. Du machst das bei beiden Bottichen. Dann musst du rudern.»

Als nun beide Bottiche gefüllt waren, gab Mr Tempesta Leone einen Rührstock, und Leone verrührte die Öle. Aus der Bonbondose mit Rosen auf dem Deckel nahm Mr Tempesta eine Hustensaftflasche. «Das hier ist pure Farbe. Die macht einer in Jersey. Fang an mit einer Unze. Dann eine Unze von dieser Essenz, die gibt den Geruch, den Geschmack. Du rührst wieder. Dann öffnest du den Hahn. Füllst das Glas. Schaust nach der Farbe. Riechst. Fährst mit dem Finger hinein. Es sollte nach Oliven schmecken. Deine Mutter. Schwer zu täuschen. Oder? Das ist es, was wir tun müssen. Denk an die netten sizilianischen Mütter, die unglücklich of nice Sicilian mothers unhappy without olive oil. I take it home to my own mother. My own wife. They think it's smuggled in. From the old country. So how old are you, Leone?"

"Fifteen last Tuesday. You want me to get working papers?"

"Don't worry about that. I just care you're a good Sicilian boy. Come from a good family. And got the smarts. The guy did this job. He drives a new car now. In a nice suit. I never had nobody your age. But I need a hand. And you need a job."

"I want the job. Show me the color. And the smell. And after I try it a few times. I'll get it right."

"Under the machine's a jar of Madonna Mia. That's your boss. Your fresh sample has to match. You can make beautiful oil. If you want to get it perfect. Even better than the genuine article. You think? You could care about olive oil? About me? My friendship?"

Leone was thinking that Mr Tempesta was a crook. He was a very likeable crook, very spiffy, very polite. But Leone's father couldn't stand a crook. So Leone had a problem. He wanted the job, not to be a crook himself, but to make a few bucks. Leone thought that since Mr Tempesta could fool his own mother and wife, maybe he, Leone, could do the same with his mother and father. After all, his mother was still buying olive oil in the store and it probably was the same as he would be making.

Placido learned four recipes, and was thereafter charged by his father to make them as needed to keep each cookie pyramid stacked to its point. Soon though, the job seemed to Placido as mechanical as the brass blade turning in the dimpled copper pot, sind ohne Olivenöl. Ich bringe es meiner eigenen Mutter nach Hause. Meiner Frau. Sie denken, es ist eingeschmuggelt. Aus der alten Heimat. Wie alt bist du, Leone?»

«Letzten Dienstag war ich fünfzehn. Soll ich Arbeitspapiere bringen?»

«Mach dir darüber keine Gedanken. Du bist ein guter sizilianischer Junge, das reicht mir. Kommst aus einer guten Familie. Und bist schlau. Der diese Arbeit vorher gemacht hat, fährt jetzt ein neues Auto. In einem schönen Anzug. Ich hatte noch nie einen in deinem Alter. Aber ich brauche jemanden. Und du brauchst Arbeit.»

«Ich will den Job. Zeigen Sie mir die Farbe. Und den Geruch. Dann versuche ich es ein paarmal. Ich kriege es hin.»

«Unter der Maschine ist ein Krug Madonna Mia. Das ist dein Vorbild. Deine neue Probe muss genau so sein. Du kannst wunderschönes Öl machen, wenn du es tadellos hinkriegen willst. Sogar besser als die echte Ware. Glaubst du das? Könntest du dir aus Olivenöl etwas machen? Aus mir? Aus meiner Freundschaft?»

Leone hielt Mr Tempesta für einen Betrüger. Er war ein sehr angenehmer Betrüger, sehr adrett, sehr höflich. Aber Leones Vater konnte Betrüger nicht ausstehen Darum hatte Leone ein Problem. Er wollte die Arbeit, nicht um auch ein Betrüger zu sein, sondern um ein paar Dollar zu verdienen. Leone dachte, da Mr Tempesta seine eigene Mutter und seine Frau täuschen konnte, könnte er, Leone, das vielleicht auch mit seiner Mutter und seinem Vater tun. Immerhin kaufte seine Mutter noch Olivenöl im Geschäft, und es war bestimmt das gleiche, das er machen würde.

Placido lernte vier Rezepte und wurde dann von seinem Vater beauftragt, so viele Plätzchen zu machen, wie man brauchte, um jeweils eine Kekspyramide bis oben hin aufzustapeln. Aber bald erschien Placido diese Arbeit so eintönig wie das Drehen des Messingblatts in dem verbeulten always in the same endless circle within a circle, the blade rotating like the earth as it also traveled in the circle of the year.

Placido wasn't even able to read *The Call of the Wild* in the basement, for the dough had to be tested frequently and the machine switched off at the exact moment. Anyway, the bare lightbulb, unless Placido sat high on the sacks close to it, would hardly illuminate the printed page. The basement in shadow, however, with the machine's gibberish drowning out the rest of the world, could be a place for remembering.

So Placido thought of Gina, so lithe, with clear egg-white skin. His friends teased him he was too young for the silk-stocking women at the Palladium on Broadway. But with his quick blue eyes, dark hair brushed straight back and glossy with pomade, and in his father's black suit, a woman's red mouth might soften when Placido looked at her, and she might even dance with him. Placido iced his cakewalk with sugary swirls and his tango with Gina was almost a sin. Gina, a day nurse, took him to her fifth-floor walkup on Elizabeth Street that she shared with Ruth, a night nurse. He played strip poker with Gina and he stayed all night. Widowed at nineteen when her husband of nineteen was killed in the Argonne Forest in the war, Gina had said, "You can stay, Placido. You don't ever have to go."

Punching the butter and eggyolk-yellow dough in the solid warm wax bubble, he was relishing his delicious memory of that night. Absorbed in his thoughts, Placido was forgetting to be on guard against the machine that could turn on him if he failed to pay attention.

Kupferkessel, immer in demselben, endlosen Kreis innerhalb eines Kreises, wo das Blatt sich drehte wie die Erde, die sich im Kreislauf des Jahres bewegt.

Placido konnte noch nicht einmal den « Ruf der Wildnis » im Keller lesen, denn der Teig musste ständig probiert und die Maschine zum genau richtigen Zeitpunkt ausgeschaltet werden. Die nackte Glühbirne würde sowieso kaum die gedruckte Seite beleuchten, es sei denn, Placido säße hoch oben auf den Säcken, direkt unter ihr. Der dämmerige Keller mit der Maschine, die mit ihrem Geratter die ganze übrige Welt übertönte, konnte aber immerhin ein Ort für Erinnerungen sein.

Also dachte Placido an Gina, die so geschmeidig war, mit einer Haut, hell und weiß wie Eierschale. Seine Freunde zogen ihn auf, er sei zu jung für die Frauen mit Seidenstrümpfen im Palladium am Broadway. Aber mit den flinken blauen Augen, das dunkle Haar streng zurückgekämmt und vor Pomade glänzend, im schwarzen Anzug seines Vaters – vielleicht würde der rote Mund einer Frau weich werden, wenn Placido sie anschaute, und sie würde vielleicht sogar mit ihm tanzen. Placido verzierte seinen Cakewalk mit süßen Wirbeln, und sein Tango mit Gina war fast eine Sünde. Gina, eine Tagesschwester, nahm ihn mit in ihre Wohnung, die sie mit Ruth, einer Nachtschwester, teilte. Er spielte Strip Poker mit Gina und blieb die ganze Nacht. Gina, die mit neunzehn Witwe geworden war, weil ihr gleichaltriger Mann im Krieg im Argonnerwald gefallen war, hatte gesagt: « Du kannst bleiben. Du musst nicht mehr gehen. »

Während er die Butter und den dottergelben Teig zu einem schweren warmen blasigen Wachs knetete, genoss er immerzu die angenehme Erinnerung an diese Nacht. In seine Gedanken versunken vergaß Placido allmählich auf die Maschine zu achten, die ihn erwischen konnte, wenn er nicht auf der Hut war.

He was standing against the dough mixer's copper pot, his sleeves rolled up as a precaution. The blousy silk shirt was his father's, and was his gift, which Placido knew he shouldn't be wearing now, but it endowed him with an additional layer of manliness he strongly desired for himself. Leaning into the pot to punch, the excess cloth at his shoulder was catching on the ratchet nut locking in the blade. The sleeve had enough space for twice Placido's biceps, so he didn't quickly realize that the slow turning blade was winding in the cloth.

Even a second later, his arm pulling in, Placido wasn't alarmed and didn't call up to his father frying cannoli skins in boiling lard. Placido simply tried to unknot the fabric from the nut, trying to save his shirt. The noose was getting tighter until his shoulder muscle was against the ratchet nut. Then it was dragging him in against the machine and around in the circle with the dough. His flesh tearing, his howling finally pierced the machine's muttering, and his father, rushing down, shut the switch. The hole in Placido's shoulder fit his two fingers to their first joint. He bit his lip to subdue the pain and stifle his cry, but his father wept as he hugged his son to his chest.

Filling gallon cans at the spigot, Leone set ten of them on the workbench, dealing each a lid. Then he pulled the lever on one can at a time. The machine squeezed the lid and the sharp edges together. After sealing 100 cans, Leone went to take a break and smoke with Sylvia, but stopping in the doorway he listened.

Two guys were in the office. One was shooting off his mouth and Sylvia was sassing back she

Er stand am Kupferkessel des Teigmischers, die Ärmel aus Vorsicht hochgerollt. Das weite Seidenhemd hatte seinem Vater gehört, und der hatte es ihm geschenkt; Placido wusste, dass er es jetzt nicht tragen sollte, aber es verlieh ihm einen besonderen Anflug von Männlichkeit, den er sich so sehr wünschte. Als er sich zum Kneten in den Kessel lehnte, verfing sich der übrige Stoff an der Schulter in der Klinkenmutter, die das Blatt hielt. Placidos Bizeps hätte zweimal in den Ärmel gepasst, deshalb bemerkte er nicht so schnell, dass sich das langsam drehende Blatt in den Stoff wand.

Sogar eine Sekunde später, als sein Arm hineingezogen wurde, war er nicht erschrocken und rief nicht nach seinem Vater, der Cannoli in heißem Schmalz ausbuk. Placido versuchte einfach, den Stoff von der Mutter loszumachen und das Hemd zu retten. Die Schlinge wurde enger, bis seine Schultermuskeln bis zur Klinkenmutter reichten. Dann zog es ihn an die Maschine heran und mit dem Teig in den Kreis. Als das Fleisch aufriss, übertönte sein Schrei schließlich das Gerumpel der Maschine, und sein Vater, der herunterrannte, schaltete sie aus. Das Loch in Placidos Schulter war zwei Finger breit. Er biss sich auf die Lippen, um den Schmerz zu bezwingen und das Schreien zu ersticken, aber sein Vater weinte, als er den Sohn an seine Brust drückte.

Leone füllte Ein-Gallonen-Kanister am Hahn ab, stellte zehn davon auf die Werkbank und verteilte die Deckel darauf. Dann setzte er den Hebel bei jedem der Kanister an. Die Maschine drückte den Deckel und die scharfen Kanten zusammen. Nachdem er hundert Kanister verschlossen hatte, wollte Leone eine Pause machen und mit Sylvia eine Zigarette rauchen, aber er blieb an der Tür stehen und lauschte.

Zwei Männer waren im Büro. Einer von ihnen schrie herum, und Sylvia zischte zurück, sie wisse nicht, wo Mr didn't know where Mr Tempesta was. Hiking her shoulders back, she was bouncing her twins, but her breasts had no effect on the unfriendly guys under their fedoras. The big one with the cigar was a volcano. The other's baked-ham face saw Leone in the doorway, and coming by, he chucked Leone under the chin sending a chill down his spine. That guy looked in the back room and then went out front again.

Leone kept watching. He didn't want them beating up Sylvia, but she wasn't scared. Now she lit up, and the mountain said something in Sicilian. Then they went out and Leone went in the front room.

"Hey. Kid. You ain't worried?" said Sylvia.

"Nah," he said.

"Ain't nothing to worry about," she said. "Tony. And his brother. Joey. They don't take nothing from nobody. if you get what I mean. Nobody's hurting a hair on your head. Even if I have to plug them myself."

"You don't have a gun?" said Leone. Sylvia opened the center desk drawer. She took out a big automatic. Silver like his mother's candy dish. She pointed it to the space where the guys had been standing, and said, "Bang. Bang." Then she put it away.

"Who were those guys?" said Leone, a shiver in his back that he would deny having.

"Guys that should be saying their prayers. Once I tell Tony," she said.

Then she put her fingers in Leone's hair as if he were her kid brother. He thought it felt very nice, so he moved in closer.

"Sylvia. You're beautiful."

Tempesta sei. Sie bog die Schultern zurück und ließ ihre Zwillinge hüpfen, aber die Brüste machten keinen Eindruck auf die unfreundlichen Männer mit ihren Filzhüten. Der große mit der Zigarre war ein Hüne, der andere mit einem Gesicht wie gebratener Schinken sah Leone an der Tür stehen und ging zu ihm hin, und als er Leone unter das Kinn fasste, lief dem ein Schauer über den Rücken. Dieser Mann schaute ins Hinterzimmer und ging dann wieder nach vorn.

Leone beobachtete sie weiter. Er wollte nicht, dass sie Sylvia schlugen, aber sie hatte keine Angst. Endlich stand sie auf, und der Riese sagte etwas auf Sizilianisch. Dann gingen sie hinaus, und Leone ging in den vorderen Raum.

«He, Junge. Du hast doch keine Angst?» fragte Sylvia.

«Nee», sagte er.

«Du brauchst keine Angst zu haben», meinte sie. «Tony und sein Bruder Joey, sie lassen sich von keinem was gefallen. Du verstehst vielleicht, was ich meine. Niemand wird dir ein Haar krümmen. Und wenn ich sie selbst abknallen muss.»

«Hast du etwa einen Revolver?» fragte Leone.

Sylvia öffnete die mittlere Schreibtischschublade. Sie nahm eine große Automatik heraus. Silbern wie die Bonbonteller seiner Mutter. Sie zielte damit auf die Stelle, wo die Kerle gestanden hatten, und sagte: «Peng peng.» Dann legte sie sie weg.

«Wer waren diese Männer?» fragte Leone mit einem Schauer übern Rücken, den er aber nicht zugegeben hätte.

«Männer, die beten sollten, wenn ich es Tony erzähle», sagte sie.

Dann strich sie mit den Fingern durch Leones Haar, als wäre er ihr kleiner Bruder. Er fand, dass sich das sehr gut anfühlte und kam näher.

«Sylvia. Du bist schön.»

"Your hair's so wavy. Wish I had it. What I have to go through for these curls. Want to touch my curls? Don't they feel nice?"

Not until Placido shut off the dough mixer did he hear his father's voice upstairs, not directed at him, or at Placido's mother, Carmella, in their apartment behind the shop, but to someone in the store. Then Leone's shouting stopped. Placido waited to hear if it began again. If it didn't, then Placido could continue his work, his shoulder scarred but otherwise as strong as before. He was making macaroons today, his own favorite, and he put in extra almond paste, mealy and toothaching, just because he ate them. Now his father's trombone voice came again, not in fear, only partly in anger, mostly as a command, indistinct, but indisputable.

Placido would find out for himself what was going on. At the top of the stairs was the short hall separating the workshop from the selling store. Placido held back in the hall, watching his father behind the counter, a short muscular man with a face and head a few sizes too big, like a caricature of himself.

His father was telling two guys in doublebreasted dark suits and spotless fedoras to get out. Placido thought he would like to be as well-dressed someday. But not as fat. His father was speaking in Sicilian. Placido usually understood Sicilian, but spoke it only brokenly himself. Of the two guys one spoke and one didn't. The one who did was whispering, as if what he was saying were so terrible no amplification was needed. Placido couldn't make out exactly what he was saying.

The talking stopped. A quiet space like a big

«Dein Haar ist so wellig. Ich wollte, ich hätte es. Was ich aushalten muss für die meinen. Willst du meine Locken anfassen? Fühlen sie sich nicht gut an?»

Placido hörte erst, als er den Teigmischer abstellte, die Stimme seines Vaters oben, nicht an ihn gerichtet und nicht an Placidos Mutter Carmella in der Wohnung hinter dem Geschäft, sondern an jemanden im Laden. Da hörte Leones Geschrei auf. Placido wartete und horchte, ob es wieder anfinge. Wenn nicht, konnte Placido mit seiner Arbeit weitermachen, mit der Narbe an der Schulter, aber ansonsten so stark wie früher. Heute machte er Makronen, seine Lieblingskekse, und er gab extra viel mehlige und Zahnweh machende Mandelcreme dazu, weil er sie selber gern aß. Nun ertönte die Stimme seines Vaters wieder wie eine Posaune, nicht ängstlich, nur etwas wütend, eher wie ein Befehl, undeutlich, aber keinen Widerspruch duldend.

Placido wollte wissen, was los war. Oben an der Treppe war der kleine Flur, der den Arbeitsraum vom Verkaufsraum trennte. Er blieb im Flur stehen und beobachtete seinen Vater hinter dem Ladentisch; der war ein kleiner, muskulöser Mann mit einem Gesicht und einem Kopf, die beide ein paar Nummern zu groß waren, wie eine Karikatur seiner selbst.

Sein Vater forderte zwei Männer in dunklen Zweireihern und makellosen Filzhüten auf, zu verschwinden. Placido dachte, eines Tages wollte er auch so gut angezogen sein. Aber nicht so dick. Sein Vater sprach sizilianisch. Normalerweise verstand Placido sizilianisch, wenn er es auch selber nur gebrochen sprach. Von den beiden Männern redete einer, der andere nicht. Der, der redete, tat es flüsternd, als wäre das, was er sagte, so furchtbar, dass er nicht lauter werden musste. Placido konnte nicht genau verstehen, was er sagte.

Das Reden hörte auf. Ein Zwischenraum des Schweiround table was between Leone behind the counter and the guys out front. They seemed to be waiting for a sign from Leone, and when it didn't come, they whispered together. Leone thought he had won the argument.

For his final blow, he was calling them *"Il vile travitore,"* filthy rats, and ordering them out.

Leone hadn't won. He had only convinced them he wouldn't pay protection money to vermin and spat on their treats. So now each guy picked up a wire chair by the tiny marble tables where evenings Placido served espresso and spumone to customers, and using the chairs like sledge hammers, they were smashing the glass cases. Their suits didn't wrinkle and their fedoras didn't slip off their heads as they laughed and the glass shattered in shards on Placido's cookies and Leone's pastries.

Placido thought that his father had underestimated the danger of rats as he himself had of the machine. Placido was a little afraid as once he had been in the basement, but if it were necessary now, he would stand by his father and fight these monster rats.

Leone, disbelieving that two-bit gangsters were destroying his business before his eyes, seemed caught by surprise and momentarily incapable of responding. They were coming now, the chairs raised over their heads destined for Leone's own curly fringed head. Then Leone felt his son beside him, hearing him say softly, "Papa. Watch out."

From under the cash register, Placido was grabbing the longbarreled pistol. But his father wrenched it from his hand. Then Leone, his chin stuck out, was shooting both guys in their wide lapels. The cracks from the barrel weren't muffled as in gens stand wie ein großer runder Tisch zwischen Leone hinter der Theke und den Männern davor. Sie schienen auf ein Zeichen von ihm zu warten, und als es nicht kam, flüsterten sie miteinander. Leone dachte, er habe den Streit gewonnen.

Als letzten Trumpf nannte er sie «Il vile travitore», dreckige Ratten, und wies sie hinaus.

Leone hatte nicht gewonnen. Er hatte sie nur überzeugt, dass er kein Schutzgeld an Ungeziefer zahlen würde und auf ihre Drohungen spuckte. Also nahm nun jeder der Männer einen Rohrstuhl von den kleinen Marmortischen, an denen Placido abends den Kunden Espresso und Spumone servierte, und indem sie die Stühle wie Vorschlaghämmer benutzten, zertrümmerten sie die Glasvitrinen. Ihre Anzüge zerknitterten nicht, und ihre Hüte fielen nicht herunter, während sie lachten und das Glas in Scherben auf Placidos Plätzchen und Leones Pasteten prasselte.

Placido dachte, dass sein Vater die Gefährlichkeit der Ratten unterschätzt hatte wie er selber die der Maschine. Placido hatte ein wenig Angst, wie er sie damals im Keller gehabt hatte, aber wenn es jetzt nötig war, würde er seinem Vater beistehen und gegen diese Ratten-Ungeheuer kämpfen.

Leone, der nicht glauben konnte, dass zwei lausige Gangster seinen Laden vor seinen Augen zerstörten, schien überrascht und im ersten Augenblick unfähig zu reagieren. Nun kamen sie auf ihn zu, die Stühle über die Köpfe gehoben, und zielten direkt auf Leones Lockenkopf. Dann spürte er seinen Sohn neben sich und hörte ihn leise sagen: «Papa, pass auf.»

Unter der Registrierkasse griff Placido nach der Pistole mit dem langen Lauf. Aber sein Vater wand sie ihm aus der Hand. Dann schoss Leone, das Kinn vorgereckt, in die breiten Rockaufschläge der beiden Kerle. Der zweimalige Knall aus dem Lauf wurde nicht wie im Keller von weichen the basement by the soft sacks, but were swelled out into thunder by the hard walls and showcases. As the guys fell forward on the floor's small white hexagonal tiles now in a red wash, their fedoras finally flew off.

Leone became the hero of his Greenwich Village neighborhood. Gangsters didn't come around to collect protection from shopkeepers on Bleecker Street for years. By the time they did come again, Leone had moved his wife and son across the East River to Bensonhurst in Brooklyn.

"You make the best olive oil we sell. For two years," said Mr Tempesta. "Your nose should be big. A small nose shouldn't smell that good."

"I use a little more corn. A little less cottonseed," said Leone.

"You have a dollar in your pocket?"

Leone took out two quarters.

"Sylvia. Lend him a dollar," said Mr Tempesta. "I have a sure thing. You two. You bet on the horse. Two dollars on the nose. Piece of Cake. To win in the fourth. At Belmont. That's your bet."

"I never bet on a horse before," said Leone.

"We walk up the street. To Lorenzo's gas station – I show you who to talk to."

"Is he the favorite?" said Sylvia, putting the singles in Leone's hands. "Who's the jockey? I love that Atkinson. A cute little guy."

Leone and Mr Tempesta marched under the BMT elevated with the train running over their conversation, sounding, Leone imagined, the way the war did. When they went in the gas station office, four guys got up from their chairs. Two had been in the shop weeks earlier acting tough with Sylvia.

Säcken gedämpft, sondern wurde zwischen den harten Wänden und Vitrinen zu einem Donnern verstärkt. Die Männer fielen nach vorn auf die kleinen, weißen, sechseckigen Fliesen, die sich nun rot färbten, und schließlich fielen ihnen die Hüte ab.

Leone wurde der Held der Nachbarschaft in Greenwich Village. Jahrelang kamen keine Gangster mehr in die Bleecker Street, um von den Geschäftsleuten Schutzgelder zu kassieren. Als später wieder welche kamen, war Leone mit Frau und Sohn über den East River nach Bensonhurst in Brooklyn gezogen.

«Leone, du machst das beste Olivenöl, das wir seit zwei Jahren verkauft haben», sagte Mr Tempesta. «Deine Nase müsste eigentlich groß sein. Eine so kleine Nase kann doch eigentlich nicht so gut riechen.»

«Ich nehme etwas mehr Mais. Etwas weniger Baumwollsamen», sagte Leone.

«Hast du einen Dollar in der Tasche?»

Leone holte zwei 25-Cent-Stücke heraus.

«Sylvia, leih ihm einen Dollar», sagte Mr Tempesta. «Ich weiß eine sichere Sache. Für euch beide. Ihr wettet auf ein Pferd. Zwei Dollars auf Sieg. Piece of Cake. Sieg im vierten. In Belmont. Das ist eure Wette.»

«Ich habe noch nie auf ein Pferd gewettet», sagte Leone.

«Wir gehen die Straße hinauf. Zu Lorenzos Tankstelle. Ich zeige dir, mit wem du reden musst.»

«Ist er der Favorit?» sagte Sylvia und gab Leone die Geldstücke in die Hand. «Wer ist der Jockey? Ich mag diesen Atkinson. Ein süßer kleiner Kerl.»

Leone und Mr Tempesta liefen unter der BMT Hochbahn entlang, und ein Zug übertönte ihr Gespräch, und es hörte sich an wie Krieg, dachte Leone. Als sie ins Büro der Tankstelle gingen, standen vier Männer von ihren Stühlen auf. Zwei davon waren Wochen zuvor im Laden gewesen und

To the four, Mr Tempesta said, "This is Leone. He's my good friend." He put his arm around Leone's shoulder. The men nodded to Leone and sat down again. "Leone wants to make the bet. Leone. Tell Ricci what you want."

"Two dollars on Piece of Cake. On the nose. The fourth race. I forgot the track."

"Belmont," said Ricci, a bookmaker, desolate and sallow, as if he had lost most bets when the opposite was likely. He took the money and scribbled in his small pad. "Good luck, kid. Runs at three-fifty. Hang around. You'll hear it on the radio."

"Some other time, Leone," said Mr Tempesta. "The kid has to do a little something. He comes to collect. The horse comes in. At five." To the guys who weren't tough now, Mr Tempesta said, "Nice to see you. Angie. Pepe. You guys should bet that horse. I got the straight dope it wins."

Piece of Cake, a long shot, paid $48 for their two-dollar bet. Leone split $23 to himself and $25 to Sylvia, which included the two dollars she put up. Leone brought his money home and folded it under the salt cellar where his father put his pay each week.

"You didn't steal it?" said his father, Placido.

"He gave me a bonus. I made over 1000 cans this week," said Leone.

"I been thinking. These months," said Placido. "How oil comes from Italy? With the war?"

Leone was explaining again that it was smuggled in, lying to keep his job, but hating the lie, for if it were found out he would suffer the loss of respect from his father who often talked to him man to man.

Placido just shook his head and said, "You don't

hatten Sylvia grob behandelt. Mr Tempesta sagte zu den vieren: «Das ist Leone. Er ist ein guter Freund von mir.» Er legte den Arm um Leones Schulter. Die Männer nickten Leone zu und setzten sich wieder. «Leone will wetten. Leone, sag Ricci, was du willst.»

«Zwei Dollar auf Piece of Cake. Auf Sieg. Im vierten Rennen. Die Bahn hab ich vergessen.»

«Belmont», sagte Ricci, der Buchmacher, traurig und blass, als habe er die meisten Wetten verloren, dabei war das Gegenteil wahrscheinlich. Er nahm das Geld und kritzelte etwas auf einen kleinen Block. «Viel Glück, Junge. Es läuft zehn vor vier. Bleib hier. Du wirst es im Radio hören.»

«Ein andermal, Leone», sagte Mr Tempesta. «Der Junge hat ein bisschen was zu tun. Er kommt zum Kassieren. Wenn das Pferd im Ziel ist. Um fünf.» Zu den Männern, die jetzt gar nicht grob waren, sagte Mr Tempesta: «Schön, euch zu sehen, Angie, Pepe. Ihr solltet auf dieses Pferd wetten. Ich habe sichere Information, dass es gewinnt.»

Piece of Cake, ein Volltreffer, brachte 48 Dollar für ihre Zwei-Dollar-Wette. Leone teilte sie in 23 Dollar für sich selbst und 25 Dollar für Sylvia, wegen der zwei Dollar, die sie draufgelegt hatte. Leone brachte das Geld heim und steckte es unter das Salzfass, in das sein Vater jede Woche seinen Lohn legte.

«Du hast es nicht gestohlen?» fragte sein Vater Placido.

«Er hat mir einen Bonus gegeben. Ich habe diese Woche über tausend Kanister geschafft», sagte Leone.

«Ich habe nachgedacht», sagte Placido. «Wie kommt das Öl aus Italien? Im Krieg?»

Leone erklärte wieder, dass es eingeschmuggelt würde, und log, um seinen Job zu behalten, aber er hasste die Lüge, denn wenn es herauskam, würde er die Achtung seines Vaters verlieren, der oft von Mann zu Mann mit ihm sprach, und das würde ihm leid tun.

Placido schüttelte einfach den Kopf und sagte: «Du arbeiwork there no more. It's finished. You're too young, anyway, to work the machine." Leone pleaded to keep his job. Then Leone's mother, Rosalia, squinting with thought, whispered in her husband's ear. Then Placido said, "Okay. You finish the week. That's all. And don't beg me no more. And stand up straight."

Broken-hearted, Leone didn't tell Mr Tempesta or Sylvia the next day that he would be quitting. As if to leave them with enough stock on hand until he was replaced, Leone, that one Tuesday afternoon, canned three times as much, 600 gallons. Filling the vats again, he mixed in color and flavor, so that tomorrow after school he could pack an equal number.

Tired, Leone went to the office up front. He sank in Mr Tempesta's stuffed chair, and sneaked a look up Sylvia's crossed thighs, seeing almost to where her garter was attached. Sylvia was putting red polish on her nails.

Then he opened the tabloid to the pictures and captions in the middle pages. Betty Grable was in her bathing suit to show off her beautiful legs that were just insured by Lloyd's of London for one million dollars. Air Force men shot down in the Atlantic survived eleven days in a lifeboat by eating their leather shoes and leather belts. President Roosevelt was signing a paper at his desk with other men standing around. Two cars were smashed head-on. Another car with its doors flung open was parked under the elevated, two guys slumping back dead in the front seat. The caption said they were Angelo Capone and Peppino Piscatelli. Leone swallowed a hunk of air that felt like a lead baseball in a home test dort nicht mehr. Fertig. Du bist auch zu jung, um die Maschine zu bedienen.» Leone bat und flehte, um seine Arbeit zu behalten. Da flüsterte Leones Mutter, Rosalia, die nachdenklich die Augen geschlossen hatte, ihrem Mann etwas ins Ohr. Placido sagte: «Okay. Du machst die Woche fertig. Das ist alles. Und bitte mich nicht länger. Halt dich grade!.»

Leone war todunglücklich. Er erzählte Mr Tempesta und Sylvia am nächsten Tag nicht, dass er aufhören wolle. Um ihnen genügend Vorrat zu hinterlassen, bis sie für ihn Ersatz hatten, machte Leone an diesem Dienstag Nachmittag die dreifache Menge, 600 Gallonen. Er füllte die Bottiche wieder, gab Farbe und Geschmack dazu, so dass er morgen nach der Schule die gleiche Zahl schaffen könnte.

Müde ging Leone nach vorn ins Büro. Er sank in Mr Tempestas Polsterstuhl, sah verstohlen an Sylvias übereinandergelegten Oberschenkeln fast bis dahin, wo ihr Strumpfband festgemacht war. Sylvia war gerade dabei, sich die Nägel rot zu lackieren.

Dann öffnete er die Zeitung bei den Bildern und Schlagzeilen in der Mitte. Betty Grable im Badeanzug gab mit ihren schönen Beinen an, die gerade bei Lloyds in London für eine Million Dollar versichert worden waren. Männer der Air Force, die über dem Atlantik abgeschossen worden waren, überlebten elf Tage in einem Rettungsboot, indem sie ihre Lederschuhe und Ledergürtel aßen. Präsident Roosevelt, umgeben von ein paar anderen Männern, unterzeichnete ein Papier an seinem Schreibtisch. Zwei Autos waren frontal zusammengestoßen. In einem anderen Auto, das mit offenen Türen unter der Hochbahn stand, lagen zwei Männer tot auf den Vordersitzen. Laut Bildtext waren es Angelo Capone und Peppino Piscatelli. Leone schluckte einen Schwapp Luft, der sich anfühlte wie ein run to the pit of his stomach. Did Mr Tempesta know his two friends from the gas station got murdered?

"Sylvia. Those guys. Who came in here. Those ugly guys. You remember?"

"Yeah. It's a real shame, kid. But they wasn't family."

"Jesus. They got shot in the head," he said.

"They didn't have good manners. It's important to have good manners. What Tony always says," said Sylvia.

"They stood up. In the gas station. When me and Tony came in," said Leone.

"They came in here rude to a dame," said Sylvia. "But anyway. Tony did them a favor. Before they died. He gave them the same winning horse."

"It says. They were gangsters," said Leone.

"Yeah. They was. It's a real shame they got it," she said, blowing on her nails to dry the paint.

"Yeah. It's a real shame," said Leone, the bell ringing overhead as he went out. The next afternoon, he didn't go back to can the batch in the vats. And on Saturday morning he didn't go in to collect two days' pay either.

Baseball aus Blei in voller Wucht in die Magengrube. Wusste Mr Tempesta, dass seine beiden Freunde aus der Tankstelle umgebracht worden waren?

«Sylvia. Diese Männer, die hier waren. Diese hässlichen Kerle. Weißt du noch?»

«Ja. Es ist eine Schande, Junge. Aber sie gehörten nicht zur Familie.»

«O Gott. Man hat sie in den Kopf geschossen», sagte er.

«Sie hatten keine guten Manieren. Es ist wichtig, gute Manieren zu haben, sagt Tony immer», sagte Sylvia.

«Sie standen auf, in der Tankstelle, als Tony und ich kamen», sagte Leone.

«Sie waren hier und waren grob zu einer Dame», sagte Sylvia. «Aber was soll's. Tony war nett zu ihnen, bevor sie starben. Er nannte ihnen auch das Siegerpferd.»

«Es heißt, sie waren Ganoven», sagte Leone.

«Ja. Waren sie. Es ist wirklich eine Schande, dass sie's gekriegt haben», sagte sie und blies auf ihre Nägel, damit die Farbe trocknete.

«Ja. Es ist wirklich eine Schande», sagte Leone, und die Glocke über der Tür klingelte, als er hinausging. Am nächsten Nachmittag ging er nicht wieder hin, um die Mischung in Bottiche zu füllen. Und am Samstag Morgen ging er auch nicht hin, um den Lohn für zwei Tage abzuholen.

John Sayles: At the Anarchists' Convention

Sophie calls to ask am I going to the Anarchists' Convention this year. The year before last I'm missing because Brickman, may he rest in peace, was on the committee and we were feuding. I think about the Soviet dissidents, but there was always something so it's hard to say. Then last year he was just cooling in the grave and it would have looked bad.

"There's Leo Gold," they would have said, "come to gloat over Brickman."

So I tell Sophie maybe, depending on my hip. Rainy days it's torture, there isn't a position it doesn't throb. Rainy days and election nights.

But Sophie won't hear no, she's still go the iron, Sophie. Knows I won't be caught dead on the Senior Shuttle so she arranges a cab and says, "But Leo, don't you want to see *me*?"

Been using that one for over fifty years.

Worked again.

We used to have it at the New Yorker hotel before the Korean and his Jesus children moved in. You see them on the streets peddling flowers, big smiles, cheeks glowing like Hitler Youth. High on the Opiate of the People. Used to be the New Yorker had its dopers, its musicians, its sad sacks and marginal types. We felt at home there.

So this year the committee books us with the chain that our religious friends from Utah own, their showpiece there on Central Park South. Which kicks off the annual difficulties.

"That's the bunch killed Joe Hill," comes the cry.

"Not to mention their monkey business with Howard Hughes and his will –"

John Sayles: Bei der Anarchisten-Tagung

Sophie ruft an und fragt, ob ich dies Jahr zur Anarchisten-Tagung ginge. Vorletztes Jahr habe ich gefehlt, weil Brickman, er ruhe in Frieden, im Organisationskomitee saß und wir miteinander im Clinch lagen. Schwer zu sagen warum, ich glaube wegen der sowjetischen Dissidenten, aber irgendeinen Grund gab es ja immer. Letztes Jahr war er dann gerade frisch unter der Erde, da hätte es einen schlechten Eindruck gemacht.

«Da ist Leo Gold», hätten sie gesagt, «gekommen um über Brickman zu triumphieren.»

Also sage ich: «Vielleicht, hängt von meiner Hüfte ab.» An Regentagen ist es eine Qual, es gibt keine Stellung, in der sie nicht wehtut. An Regentagen und Wahlabenden.

Aber Sophie lässt kein Nein gelten. Sie ist immer noch hart wie Stahl, unsere Sophie. Weiß, dass ich nicht im Senioren-Bussterben will. Sie bestellt mir ein Taxi und sagt: «Aber Leo, willst du *mich* denn nicht sehen?»

Auf die Tour kommt sie mir seit über fünfzig Jahren.

Hat wieder geklappt.

Früher hat sie immer im Hotel «New Yorker» stattgefunden, bevor der Koreaner mit seinen Jesus-Kindern dort einzog. Man sieht sie auf den Straßen Blumen verkaufen, strahlendes Lächeln, glühende Wangen wie die Hitlerjugend. Berauscht vom Opium des Volkes. Früher gab es im «New Yorker» Kiffer, Musiker, Trauerklöße und skurrile Gestalten. Wir fühlten uns dort zu Hause.

Also hat uns das Komitee dieses Jahr bei unseren religiösen Freunden, den Mormonen, einquartiert, im Flaggschiff ihrer Hotelkette am Central Park South. Was die alljährlichen Schwierigkeiten ins Rollen bringt.

«Dieses Pack hat Joe Hill umgebracht», ruft jemand.

«Ganz zu schweigen von dem krummen Ding mit Howard Hughes und seinem Testament –»

"And what about their stand on blacks and Indians?"

Personally, I think we should have it where we did the year the doormen were on strike, should rent the Union Hall in Brooklyn. But who listens to me?

So right off the bat there's Pinkstaff working up a petition and Weiss organizing a counter-committee. Always with the factions and splinter groups those two, whatever drove man to split the atom is the engine that rules their lives. Not divide and conquer but divide and subdivide.

First thing in the lobby we've got Weiss passing a handout on Brigham Young and the Mountain Meadows Massacre.

"Leo Gold! I thought you were dead!"

"It's a matter of days. You never learned to spell, Weiss."

"What, spelling?"

I point to the handout. "Who's this Norman? "Norman Hierarchy," "Norman Elders." And all this capitalization, it's cheap theatrics."

Weiss has to put on his glasses. "That's not spelling," he says, "that's typing. Spelling I'm fine, but these new machines – my granddaughter bought an electric."

"It's nice she lets you use it."

"She doesn't know. I sneak when she's at school."

Next there's the placard in the lobby – WELCOME ANARCHISTS – and the caricature of Bakunin, complete with sizzling bomb in hand. That Gross can still hold a pen is such a miracle we have to indulge his alleged sense of humor

« Und was ist mit ihrer Einstellung zu den Schwarzen und den Indianern? »

Ich persönlich bin der Ansicht, das Treffen sollte dort stattfinden, wo wir in dem Jahr waren, als die Portiers streikten, wir sollten die Union Hall in Brooklyn mieten. Aber wer hört schon auf mich?

Also Pinkstaff ist sofort aus den Startlöchern heraus und veranstaltet eine Unterschriftenaktion, während Weiss ein Gegen-Komitee auf die Beine stellt. Ewig bei den Minderheiten und Splittergruppen die beiden. Was immer den Menschen dazu gebracht hat, das Atom zu spalten, ist auch der Impuls, der ihr Leben bestimmt. Nicht « teile und herrsche », sondern « teile und unterteile ».

Im Foyer haben wir erst einmal Weiss, der ein Flugblatt über Brigham Young und das Mountain Meadows Massaker verteilt.

« Leo Gold! Ich dachte, du wärst tot! »

« Es kann sich nur noch um Tage handeln. Rechtschreibung war nie deine Stärke, Weiss. »

« Was, Rechtschreibung? »

Ich zeige auf das Flugblatt: « Was heißt Norman? ‹ Norman Hierarchy ›, ‹ Norman Elders ›. Und immer diese Großschreibung, das ist doch billige Theatralik. »

Weiss muss seine Brille aufsetzen. « Rechtschreibung ist nicht das Problem », sagt er, « sondern Tippen. In Rechtschreibung bin ich gut, aber diese neuen Schreibmaschinen – meine Enkelin hat sich eine elektrische gekauft. »

« Nett von ihr, dass du sie benutzen darfst. »

« Sie weiß es gar nicht. Ich tu es heimlich, wenn sie in der Schule ist. »

Dann ist da das Transparent im Foyer – WILLKOMMEN ANARCHISTEN – und eine Karikatur von Bakunin, komplett mit Bombe und glimmender Lunte. Dass Gross überhaupt noch einen Stift halten kann, ist ein solches Wunder, dass wir uns jedes Jahr wohl oder übel mit seinem Möchte-every year. A malicious man, Gross, like all cartoonists. Grinning, watching the hotel lackeys stew in their little brown uniforms, wondering is it a joke or not. Personally, I think it's in bad taste, the bomb-throwing bit. It's the enemy's job to ridicule, not ours. But who asks me?

They've set us loose in something called the Elizabethan Room and it's a sorry sight. A half-hundred old crackpots tiptoeing across the carpet, wondering how they got past the velvet ropes and into the exhibit. That old fascination with the enemy's lair, they fit like fresh kishke on a silk sheet. Some woman I don't know is pinning everyone with name tags. Immediately the ashtrays are full of them, pins bent by palsied fingers. Name tags at the Anarchists' Convention?

Pearl is here, and Bill Kinney in a fog and Lou Randolph and Pinkstaff and Fine and Diamond tottering around flashing his new store-boughts at everyone. Personally, wearing dentures I would try to keep my mouth shut. But then I always did.

"Leo, we thought we'd lost you," they say.

"Not a word, it's two years."

"Thought you went just after Brickman, rest his soul."

"So you haven't quit yet, Leo."

I tell them it's a matter of hours and look for Sophie. She's by Baker, the committee chairman this year. Always the committee chairman, he's the only one with such a streak of masochism. Sophie's by Baker and there's no sign of her Mr Gillis.

There's another one makes the hip act up. Two

gern-Humor abfinden. Ein boshafter Mensch, dieser Gross, wie alle Karikaturisten. Grinsend beobachtet er die Hotel-Pagen, die in ihren knappen braunen Uniformen schmoren und sich fragen, ob das ein Witz ist oder nicht. Ich persönlich finde es geschmacklos, das mit dem Bombenwerfen. Es ist Sache unserer Gegner, uns lächerlich zu machen, nicht unsere eigene. Aber wer fragt mich schon.

Wir dürfen uns in einem sogenannten Elisabethanischen Saal austoben, und es ist ein trauriger Anblick. Ein halbes Hundert alter Spinner trippeln über den Teppichboden und wundern sich, wie sie an den samtenen Tauen vorbei in den Tagungsraum kommen. Das Lager des Feindes fasziniert immer noch. Sie passen hierher wie eine frische Fleischpastete auf ein Seidenlaken. Eine Frau, die ich nicht kenne, steckt jedem ein Namenschild an. Im Nu sind die Aschenbecher voll davon, die Nadeln von zittrigen Fingern verbogen. Namenschilder beim Anarchisten-Treffen!

Pearl ist da, und Bill Kinney in einer Rauchwolke, und Lou Randolph und Pinkstaff und Fine, und Diamond wankt umher, und seine Neuerwerbung blitzt jeden an. Ich persönlich würde mit dritten Zähnen versuchen, den Mund zu halten. Aber das habe ich ja sowieso immer getan.

«Leo, wir dachten, wir hätten dich verloren», sagen sie.

«Kein Gedanke, es waren bloß zwei Jahre.»

«Dachte, du wärest kurz nach Brickman von uns gegangen, Friede seiner Seele.»

«Du hast uns also noch nicht verlassen, Leo.»

Ich teile ihnen mit, dass es sich nur noch um Stunden handeln kann, und halte nach Sophie Ausschau. Sie ist bei Baker, der dieses Jahr Vorsitzender des Komitees ist. Er ist immer der Vorsitzende des Komitees, der einzige mit einem derartigen Hang zum Masochismus. Sophie ist bei Baker, und ihr Herr Gillis ist nirgendwo zu sehen.

Noch so etwas, das meine Hüfte verrückt spielen lässt.

or three times I've seen the man since he set up housekeeping with Sophie, and every time I'm in pain. Like an allergy, only bone deep. It's not just he's CP from the word go – we all had our fling with the Party, and they have their point of view.

But Gillis is the sort that didn't hop off of Joe Stalin's bandwagon till after it nose-dived into the sewer. The deal with Berlin wasn't enough for Gillis, or the purges, no, nor any of the other tidbits that started coming out from reliable sources. Not till the Party announced officially that Joe was off the sainted list did Gillis catch a whiff. And him with Sophie now.

Maybe he's a good cook.

She lights up when she sees me. That smile, after all these years, that smile and my knees are water. She hasn't gone the Mother Jones route, Sophie, no shawls and spectacles, she's nobody's granny on a candy box. She's thin, a strong thin, not like Diamond, and her eyes, they still stop your breath from across the room. Always there was such a crowd, such a crowd around Sophie. And always she made each one think *he* was at the head of the line.

"Leo, you came! I was afraid you'd be shy again." She hugs me, and tells Baker that I'm like a brother.

Sophie who always rallied us after a beating, who bound our wounds, who built our pride back up from shambles and never faltered a step. The iron she had! In Portlands they're shaving her head, but no wig for Sophie, she wore it like a badge. And the fire! Toe to toe with a fat Biloxi deputy, head to head with a Hoboken wharf boss, starting a near riot from her soapbox in Colum-

Ich habe den Mann zwei- oder dreimal gesehen, seit er mit Sophie zusammengezogen ist, und jedesmal war es eine Qual. Wie eine Allergie, nur dass es bis auf die Knochen geht. Nicht nur, dass er ein KP'ler ist, wie er im Buche steht – wir hatten alle unser Techtelmechtel mit der Partei, und die haben halt ihre Standpunkte.

Aber Gillis gehört zu denen, die erst von Joe Stalins Zug abgesprungen sind, als er schon kopfüber in der Scheiße lag. Die Sache mit Berlin reichte Gillis nicht, die Säuberungsaktionen auch nicht, nein, oder die anderen netten Einzelheiten, die aus zuverlässigen Quellen zu uns drangen. Erst als die Partei Joe offiziell vom Sockel gestürzt hatte, bekam Gillis von alldem Wind. Und jetzt er und Sophie.

Vielleicht ist er ein guter Koch.

Sie strahlt, sobald sie mich sieht. Dies Lächeln, nach all den Jahren, dies Lächeln und ich kriege weiche Knie. Sie ist keine Mother Jones geworden, unsere Sophie, sie trägt weder Kopftuch noch Brille, hat nichts gemeinsam mit Reklame-Omas auf Bonbondosen. Sie ist dünn, dabei sehnig, nicht wie Diamond, und der Blick, den sie einem quer durch den Raum zuwirft, verschlägt einem immer noch den Atem. Es war immer so ein Gedränge, so ein Gedränge um Sophie herum. Und immer gab sie jedem das Gefühl, *er* stehe an erster Stelle.

« Leo, du bist gekommen ! Ich hatte schon Angst, du würdest dich wieder drücken. » Sie umarmt mich und erzählt Baker, ich sei für sie wie ein Bruder.

Sophie, die uns nach Schlägereien immer ermutigt, die unsere Wunden verbunden, unseren Stolz wieder aufgerichtet hat, wenn der darniederlag, und die nie ins Wanken geriet. Wie stahlhart sie war ! In Portland haben sie ihr den Schädel rasiert, aber kein Gedanke an eine Perücke, Sophie trug es wie einen Orden. Und ihre Leidenschaft ! Auf Tuchfühlung mit einem fetten Hilfssheriff aus Biloxi, Aug in Aug mit dem Chef einer Werft in Hoboken – von ihrer bus Circle, but shaping it, turning it, stampeding all that anger and energy in the right direction.

Still the iron, still the fire, and still it's "Leo you're like a brother."

Baker is smiling his little pained smile, looking for someone to apologize to, Blum is telling jokes, Vic Lewis has an aluminium walker after his stroke, and old Mrs Axelrod, who knew Emma Goldman from the Garment Workers, is dozing in her chair. Somebody must be in charge of bringing the old woman, with her mind the way it is, because she never misses. She's our museum piece, our link to the past.

Not that the rest of us qualify for the New Left.

Bud Odum is in one corner trying to work up a sing-along. Fifteen years younger than most here, a celebrity, still with the denim open at the chest and the Greek sailor cap. The voice is shot though. With Harriet Foote and old Lieber joining they sound like the look-for-the-Union-label folks on television. Determined but slightly off-key. The younger kids aren't so big on Bud anymore, and the hootenanny generation is grown, with other fish to fry.

Kids. The room is crawling with little Bernard girls and their tape recorders, pestering people for "oral history." A pair camp by Mrs Axelrod, clicking on whenever she starts awake and mutters some Yiddish. Sophie, who speaks, says she's raving about the harness-eyes breaking and shackles bouncing on the floor, some shirt-factory tangle in her mind. Gems, they think they're getting, oral-history gems.

Seifenkiste aus, auf dem Columbus Circle, zettelt sie fast einen Aufruhr an, verliert weder die Kontrolle noch die Übersicht und lenkt alle Wut und Kraft in die richtige Richtung.

Immer noch stahlhart, immer noch voll Leidenschaft, immer noch dies «Leo, du bist für mich wie ein Bruder».

Baker lächelt wie immer ein bisschen gequält, auf der Suche nach jemandem, bei dem er sich entschuldigen kann, Blum erzählt Witze, Vic Lewis hat seit seinem Schlaganfall einen Aluminium-Gehwagen, und die alte Frau Axelrod, die noch Emma Goldman gekannt hat, aus der Zeit der Textilarbeiter-Bewegung, döst in ihrem Sessel vor sich hin. Irgendwer kümmert sich wohl darum, die alte Frau zu bringen, denn trotz ihres Geisteszustands fehlt sie nie. Sie ist unser Museumsstück, unsere Verbindung zur Geschichte.

Obwohl wir übrigen auch nicht gerade zur Neuen Linken zählen.

Bud Odum steht in einer Ecke und versucht, andere zum Mitsingen zu animieren. Fünfzehn Jahre jünger als die meisten hier, eine Berühmtheit, das Jeanshemd immer noch weit offen, eine griechische Seemannsmütze auf dem Kopf. Allerdings ist er schlecht bei Stimme. Harriet Foote und der alte Lieber stimmen mit ein – zusammen klingen sie wie die Leute vom «Kauf-im-Konsum»-Werbespot im Fernsehen. Fest entschlossen, aber leicht daneben. Die Jugendlichen machen sich nicht mehr so viel aus Bud, und die Folksong-Generation ist erwachsen, die backt jetzt andere Brötchen.

Junges Gemüse. Es wimmelt von Barnard-College-Girls mit Kassettenrecordern, die einen wegen «Geschichte aus erster Hand» elenden. Ein paar haben sich bei Frau Axelrod niedergelassen; immer wenn sie aufwacht und einige Worte Jiddisch murmelt, drücken sie den Knopf. Sophie, die es versteht, erklärt, sie phantasiere über Webgeschirr-Ösen, die zerbrechen, und Halterungen, die zu Boden fallen; sie denke an einen Zwischenfall in der Hemdenfabrik. Kleinode glauben sie zu finden, authentische Kleinode.

There are starting to be Rebeccas again, the little Bernard girls, and Sarahs and Esthers, after decades of Carol, Sally, and Debbie. The one who tapes me is a Raisele, which was my mother's name.

"We're trying to preserve it," she says with a sweet smile for an old man.

"What, Yiddish? I don't speak."

"No," she says. "Anarchism. The memories of anarchism. Now that it's served its dialectical purpose."

"You're a determinist."

She gives me a look. They think we never opened a book. I don't tell her I've written a few, it wouldn't make an impression. If it isn't on tape or film it doesn't register. Put my name in the computer, you'll draw a blank.

"Raisele," I say. "That's a pretty name."

"I learned it from an exchange student. I used to be Jody."

Dinner is called and there's confusion, there's jostling, everyone wants near the platform. The ears aren't what they used to be. There is a seating plan, with place cards set out, but nobody looks. Place cards at the Anarchists' Convention? I manage to squeeze in next to Sophie.

First on the agenda is fruit cup, then speeches, then dinner, then more speeches. Carmen Marcovicci wants us to go get our own fruit cups. It makes her uneasy, she says, being waited on. People want, they should get up and get it themselves.

A couple minutes of mumble-grumble, then someone points out that we'd be putting the two hotel lackeys in charge of the meal out of a job. It's

Es gibt schon wieder Rebeccas unter den Barnard-Girls und Sarahs und Esthers, nach Jahrzehnten von Carols, Sallies und Debbies. Diejenige, die mich interviewt, heißt Raisele, wie meine Mutter.

«Wir versuchen, die Erinnerung daran zu erhalten», sagt sie und schenkt einem alten Mann ein strahlendes Lächeln.

«An Jiddisch? Das kann ich nicht.»

«Nein», sagt sie, «an den Anarchismus. Jetzt wo er seinen dialektischen Auftrag erfüllt hat.»

«Sie sind eine Deterministin.»

Sie schaut mich mit großen Augen an. Die glauben, wir haben nie ein Buch in der Hand gehabt. Ich erzähle ihr nicht, dass ich selber ein paar geschrieben habe, es würde keinen Eindruck auf sie machen. Wenn etwas nicht auf Band oder Zelluloid ist, wird es nicht registriert. Gib meinen Namen in einen Computer ein – Fehlanzeige.

«Raisele», sage ich, «das ist ein schöner Name.»

«Den hab ich von einer Austauschstudentin. Früher hieß ich Jody.»

Das Essen soll serviert werden, und es gibt ein Durcheinander, ein Gerangel, jeder will in der Nähe des Podiums sitzen. Die Ohren sind eben auch nicht mehr das, was sie mal waren. Es gibt eine Sitzordnung, Tischkarten sind aufgestellt, aber keiner beachtet sie. Tischkarten bei der Anarchisten-Tagung? Es gelingt mir, mich neben Sophie zu quetschen.

Auf der Tagesordnung steht zuerst ein Fruchtcocktail, dann Reden, dann das Essen, dann noch mehr Reden. Carmen Marcovicci will, dass wir uns die Fruchtcocktails selber holen. Sie fühlt sich unbehaglich, sagt sie, wenn sie bedient wird. Wenn man etwas will, soll man aufstehen und es sich selber nehmen.

Einige Minuten Gemurmel, dann weist jemand darauf hin, dass wir die beiden Kellner, die für das Essen zuständig sind, arbeitslos machen würden. Abgemacht, sie dürfen agreed, they'll serve. You could always reason with Carmen.

Then Harriet Foote questions the grapes in the fruit cup. The boycott is over, we tell her, grapes are fine. In fact grapes were always fine, it was the labor situation that was no good, not the *fruit*.

"Well I'm not eating *mine*," she says, blood pressure climbing toward the danger point, "it would be disloyal."

The Wrath of the People. That's what Brickman used to call it in his articles, in his harangues, in his three-hour walking diatribes. Harriet still has it, and Carmen and Weiss and Sophie and Bill Kinney on his clear days and Brickman had it to the end. It's a wonderful quality, but when you're over seventy and haven't eaten since breakfast it has its drawbacks.

Baker speaks first, apologizing for the site and the hour and the weather and the Hundred Years' War. He congratulates the long travelers – Odum from L.A., Kinney from Montana, Pappas from Chicago, Mrs Axelrod all the way from Yonkers. He apologizes that our next scheduled speaker, Mikey Dolan, won't be with us. He apologizes for not having time to prepare a eulogy, but it was so sudden.

More mumble-grumble, this being the first we've heard about Mikey. Sophie is crying, but she's not the sort you offer your shoulder to or reach for the Kleenex. *If steel had tears*, Brickman used to say. They had their battles, Brickman and Sophie, those two years together – '37 and '38. Neither of them known as a compromiser, both with healthy throwing arms, once a month there's a knock and it's Sophie come to borrow more plates.

auftragen. Mit Carmen konnte man immer vernünftig reden.

Dann stellt Harriet Foote die Weintrauben im Fruchtcocktail in Frage. Der Boykott ist vorbei, sagen wir ihr, Trauben sind in Ordnung. Die Trauben waren allerdings immer in Ordnung, es waren die Arbeitsbedingungen, die schlecht waren, nicht das Obst.

«Also, *ich* esse meine nicht», sagt sie, und ihr Blutdruck erreicht die kritische Höhe, «es wäre unloyal.»

Der Zorn des Volkes. So nannte es Brickman immer in seinen Aufsätzen, seinen Ansprachen, seinen dreistündigen rastlosen Kampfreden unterwegs. Harriet hat sich diesen Zorn bewahrt, und Carmen und Weiss und Sophie, und Bill Kinney in seinen klaren Momenten, und Brickman hatte ihn bis zuletzt. Er ist eine wunderbare Eigenschaft, aber wenn man über siebzig ist und seit dem Frühstück nichts gegessen hat, hat er Nachteile.

Zuerst spricht Baker. Er entschuldigt sich für den Ort und die Zeit und das Wetter und den Hundertjährigen Krieg. Er begrüßt diejenigen, die eine weite Anreise hatten – Odum aus Los Angeles, Kinney aus Montana, Pappas aus Chicago, Frau Axelrod den ganzen Weg aus Yonkers, New York. Er entschuldigt sich, dass Mickey Dolan, der als unser nächster Redner vorgesehen war, nicht bei uns sein kann. Er entschuldigt sich, dass keine Zeit war, eine Gedenkrede vorzubereiten, aber es sei so plötzlich gekommen.

Wieder Gemurmel, das von Mickey hören wir zum ersten Mal. Sophie weint, aber sie ist keine, der man eine Schulter zum Anlehnen anbietet oder ein Kleenex reicht. *Wenn Stahl weinen könnte*, sagte Brickman immer. Sie haben sich Schlachten geliefert, Sophie und Brickman, in den beiden Jahren, in denen sie zusammen waren – '37 und '38. Keiner von ihnen war bekannt als Kompromissler, beide hatten kräftige Wurfarme. Einmal im Monat klopfte es an meiner Tür, und es war Sophie, gekommen um noch ein paar Teller

I worked for money at the movie house, I always had plates.

The worst was when you wouldn't see either of them for a week. Phil Rapf was living below them then and you'd see him in Washington Square, eight o'clock in the morning. Phil who'd sleep through the Revolution itself if it came before noon.

"I can't take it," he'd say. "They're at it already. In the morning, in the noontime, at night. At least when they're fighting the plaster doesn't fall."

Less than two years it lasted. But of all of them, before and after, it was Brickman left his mark on her. That hurts.

But Odum is up next, his Wisconsin accent creeping toward Oklahoma, twanging on about "good red-blooded American men and women," and I get a terrible feeling he's going to break into "The Ballad of Bob La Follette" when war breaks out at the far end of the table. In the initial shuffle Allie Zaitz was sitting down next to Fritz Groh and it's fifteen minutes before the shock of recognition. Allie has lost all his hair from the X-ray treatments, and Fritz never had any. More than ever they're looking like twins.

"*You*," says Allie, "you from the Dockworkers!"

"And you from that yellow rag. They haven't put you away from civilized people?"

"They let *you* in here? You an *an*archist?"

"In the fullest definition of the word. Which you wouldn't know. What was the coloring book you wrote for?"

At the tops of their voices, in the manner of old Lefties. What, old, in the manner we've always had, damn the decibles and full speed ahead. Baker would apologize but he's not near enough to the auszuleihen. Ich hatte einen bezahlten Job beim Filmtheater, ich hatte immer Teller.

Am schlimmsten war es, wenn man eine Woche lang keinen von beiden sah. Phil Rapf wohnte damals unter ihnen; man konnte ihn dann um acht Uhr morgens auf dem Washington Square antreffen, ihn, der selbst die Revolution verschlafen hätte, wenn sie vormittags ausgebrochen wäre.

«Ich ertrag es nicht», sagte er. «Sie sind schon wieder dabei. Morgens, mittags, nachts. Wenigstens fällt der Putz nicht von der Decke, wenn sie miteinander kämpfen.»

Es hielt weniger als zwei Jahre. Aber von allen, vorher und nachher, war es Brickman, der sie am meisten geprägt hat. Das schmerzt.

Aber als nächster ist Bud Odum dran. In seinem Wisconsin-Akzent, der in Richtung Oklahoma tendiert, näselt er über «amerikanische Männer und Frauen von echtem Schrot und Korn», und mich beschleicht der furchtbare Verdacht, dass er gleich «Die Ballade von Bob la Follette» anstimmt – da ist hinten am Tisch plötzlich der Teufel los. Während des anfänglichen Wirrwarrs hat sich Allie Zaitz neben Fritz Groh gesetzt. Bis zum Schock des Erkennens hat es fünfzehn Minuten gedauert. Allie hat durch die Bestrahlungen sämtliche Haare verloren, und Fritz hatte nie welche. Mehr denn je sehen die beiden wie Zwillinge aus.

«*Du*», sagt Allie, «du von diesen Hafenarbeitern!»

«Und du von diesem Schundblatt. Man hat dich nicht vom zivilisierten Teil der Menschheit ausgeschlossen?»

«*Dich* hat man hier reingelassen? *Du* ein Anarchist?»

«Im wahrsten Sinne des Wortes. Den du natürlich nicht kennst. Wie hieß dieses Tendenzbuch, an dem du mitgeschrieben hast?»

So laut sie können, ganz im Stil der alten Linken, was heißt hier alt, in dem Stil, den wir immer hatten, scheiß auf den Lärmpegel und volle Kraft voraus. Baker würde sich gern entschuldigen, aber er ist nicht nah genug am microphone, and Bub Odum is just laughing. There's still something genuine about the boy, even if he does get all weepy when you mention Eleanor Roosevelt.

"Who let this crank in here? We've been penetrated!"

"Point of order! Point of order!"

What Allie is thinking with point of order I don't know, but the lady from the name tags gets them separated, gives each a Bernard girl to record their spewings about the other. Something Fritz said at a meeting, something Allie wrote about it, centuries ago. We don't forget.

Bud gets going again and it seems that last year they weren't prepared with Brickman's eulogy, so Bud will do the honors now. I feel eyes swiveling, a little muttered chorus of "Leoleoleo" goes through the room. Sophie knew, of course, and conned me into what she thought would be good for me. Once again.

First Bud goes into what a fighter Brickman was, tells how he took on Union City, New Jersey, singlehanded, about the time he organized an entire truckload of scabs with one speech, turning them around right under the company's nose. He can still rouse an audience, Bud, even with the pipes gone, and soon they're popping up around the table with memories. Little Pappas, who we never thought would survive the beating he took one May Day scuffle, little one-eyed, broken-nosed Pappas stands and tells of Brickman saving the mimeograph machine when they burned our office on Twenty-seventh Street. And Sam Karnes, ghost pale, like the years in prison bleached even his blood, is standing, shaky, with the word on

Mikrofon, und Bud Odum lacht nur. Irgendwie hat der Junge immer noch etwas Ursprüngliches, wenn er auch ganz weinerlich wird, sobald man Eleanor Roosevelt erwähnt.

«Wer hat diesen Spinner reingelassen? Wir sind unterwandert worden!»

«Zur Geschäftsordnung! Zur Geschäftsordnung!»

Was Allie mit «zur Geschäftsordnung» meint, weiß ich nicht, aber die Dame mit den Namenschildern trennt die beiden und schickt jedem ein Barnard-Girl, das ihre gegenseitigen Anwürfe aufzeichnet. Irgendwas hat Fritz mal bei einer Versammlung gesagt, irgendwas hat Allie darüber geschrieben, es ist eine Ewigkeit her. Wir vergessen nichts.

Bud hebt wieder an, und anscheinend hatten sie letztes Jahr noch keine Gedenkrede auf Brickman vorbereitet, also erweist ihm Bud jetzt die letzte Ehre. Ich spüre, wie sich alle Augen auf mich richten, ein vielstimmig gemurmeltes «Leoleoleo» geht durch den Raum. Natürlich hat Sophie davon gewusst und mich in diese Lage hineinmanövriert, weil sie glaubt, es tue mir gut. Mal wieder.

Bud fängt damit an, was für ein Kämpfer Brickman war, wie er Union City, New Jersey, im Alleingang übernahm; wie er eine ganze Wagenladung Streikbrecher mit einer einzigen Rede gewerkschaftlich organisierte; wie er sie direkt vor den Fabriktoren auf seine Seite zog. Unser Bud kann seine Zuhörer immer noch begeistern, auch wenn seine Stimmbänder im Eimer sind. Und schon kramen alle am Tisch ihre Erinnerungen hervor. Der kleine Pappas, von dem wir nie geglaubt hätten, dass er die Verletzungen überleben würde, die er bei einer Schlägerei am 1. Mai abbekommen hatte, der kleine einäugige Pappas mit der gebrochenen Nase steht auf und erzählt, wie Brickman den Vervielfältiger rettete, als sie unser Büro in der 27. Straße in Brand steckten. Und Sam Karnes, leichenblass, als ob die Jahre im Gefängnis sogar sein Blut gebleicht hätten, steht

Brickman's last days. Tubes running out of him, fluids dripping into him, still Brickman agitates with the hospital orderlies, organizes with the cleaning staff. Then Sophie takes the floor, talking about spirit, how Brickman had it, how Brickman was it, spirit of our cause, more spirit sometimes than judgment, and again I feel the eyes, hear the "Leoleoleo," and there I am on my feet.

"We had our troubles," I say, "Brickman and I. But always I knew his heart was in the right place."

Applause, tears, and I sit down. It's a sentimental moment. Of course, it isn't true. If Brickman had a heart it was a well-kept secret. He was a machine, an express train flying the black flag. But it's a sentimental moment, the words come out.

Everybody is making nice then, the old friendly juices flowing, and Baker has to bring up business. A master of tact, a genius of timing. A vote – do we elect next year's commitee before dinner or after?

"Why spoil dinner?" says one camp.

"Nobody will be left awake after," says the other. "Let's get it out of the way."

They always started small, the rifts. A title, a phrase, a point of procedure. The Chicago Fire began with a spark.

It pulls the scab off, the old animosities, the bickerings, come back to the surface. One whole section of the table splits off into a violent debate over the merits of syndicalism, another forms a faction for elections *during* dinner, Weiss wrestles da, wacklig, mit einem Bericht über Brickmans letzte Tage. Schläuche kamen aus ihm raus, Flüssigkeit tropfte in ihn rein, und immer noch wollte er das Pflegepersonal aufwiegeln, die Putzfrauen dazu bringen, sich zu organisieren. Dann ergreift Sophie das Wort, redet über das richtige Bewusstsein, dass Brickman es hatte, dass er es verkörperte, das Bewusstsein für unsere Sache, manchmal mehr das Bewusstsein als das Urteilsvermögen, und wieder spüre ich die Augen, höre das «Leoleoleo» – und da stehe ich auf.

«Wir hatten unsere Probleme miteinander», sage ich, «Brickman und ich. Aber ich wusste immer, dass er das Herz auf dem rechten Fleck hat.»

Beifall, Tränen, und ich setze mich hin. Es ist ein sentimentaler Augenblick. Natürlich ist es nicht wahr. Wenn Brickman ein Herz gehabt hat, so war das ein gut gehütetes Geheimnis. Er war eine Maschine, ein D-Zug, auf dem die schwarze Flagge wehte. Aber es ist ein sentimentaler Augenblick, und die Worte kommen von selber.

Jeder verbreitet jetzt Nettigkeit, die alten freundschaftlichen Gefühle regen sich – da muss Baker zur Sache kommen. Meisterhaft, wie feinfühlig er den richtigen Moment erwischt. Abstimmung – wählen wir das Kommitee für nächstes Jahr vor oder nach dem Essen?

«Wozu das Essen verderben?» sagt das eine Lager.

«Danach wird niemand mehr wach sein», sagt das andere. «Bringen wir's hinter uns.»

Die Spaltungen fingen schon immer mit einer Kleinigkeit an. Eine Überschrift, ein Satz, eine Verfahrensfrage. Das Großfeuer von Chicago hat auch mit einem Funken begonnen.

Der Schorf reißt auf, die alten Animositäten, Zankereien kommen wieder hoch. Ein Teil der Versammlung verliert sich in einer heftigen Diskussion über die Verdienste des Syndikalismus, ein anderer bildet eine Fraktion für Wahlen

Baker for the microphone, and Sophie shakes her head sadly.

"Why, why, why? Always they argue," she says, "always they fight."

I could answer, I devoted half of one of my studies to it, but who asks?

While the argument heats another little girl comes over with used-to-be-Jody.

"She says you're Leo Gold."

"I confess."

"*The* Leo Gold?"

"There's another?"

"I read *Anarchism and the Will to Love.*"

My one turkey, and she's read it. "So you're the one."

"I didn't realize you were still alive."

"It's a matter of seconds."

I'm feeling low. Veins are standing out in temples, old hearts straining, distemper epidemic. And the sound, familiar, but with a new, futile edge.

I've never been detached enough to recognize the sound so exactly before. It's a raw-throated sound, a grating, insistent sound, a sound born out of all the insults swallowed, the battles lost, out of all the smothered dreams and desires. Three thousand collective years of frustration in the room, turning inward, a cancer of frustration. It's the sound of parents brawling with each other because they can't feed their kids, the sound of prisoners preying on each other because the guards are out of reach, the sound of a terribly deep despair. No quiet desperation for us not while we have a voice left. Over an hour it lasts, the sniping, the shouting, the accusations and *während* des Essens. Weiss rangelt mit Baker ums Mikrofon, und Sophie schüttelt traurig den Kopf.

«Warum, warum, warum? Immer streiten sie sich», sagt sie, «immer kämpfen sie gegeneinander.»

Ich könnte es erklären, ich habe die Hälfte einer meiner Untersuchungen darauf verwandt, aber wer fragt danach?

Während der Streit hitziger wird, kommt ein weiteres kleines Mädchen mit der Ex-Jody zu mir herüber.

«Sie sagt, Sie seien Leo Gold.»

«Ich gestehe es.»

«*Der* Leo Gold?»

«Gibt's *noch* einen?»

«Ich habe *Anarchismus und der Wille zu lieben* gelesen.»

Mein einziger Reinfall, und sie hat ihn gelesen. «Du warst das also.»

«Mir war nicht klar, dass Sie noch leben.»

«Es kann sich nur noch um Sekunden handeln.»

Es geht mir schlecht. An den Schläfen sind die Venen hervorgetreten, ein altes Herz hält nicht so viel aus, das ständige Missbehagen. Und die Geräuschkulisse, wohlbekannt aber mit einem neuen Unterton von Sinnlosigkeit.

Ich war nie distanziert genug, diese Geräusche so richtig zu registrieren. Es sind rauhkehlige Geräusche, knirschende aufdringliche Geräusche, Geräusche, geboren aus all den heruntergeschluckten Kränkungen, den verlorenen Schlachten, all den unterdrückten Träumen und Sehnsüchten. Dreitausend Jahre gemeinsamer Enttäuschung stehen im Raum, richten sich nach innen, ein Krebsgeschwür aus Enttäuschung. Es sind die Geräusche von Eltern, die sich in den Haaren liegen, weil sie ihre Kinder nicht satt kriegen, die Geräusche von Häftlingen, die sich gegenseitig quälen, weil die Wärter außer Reichweite sind. Die Geräusche furchtbar tiefer Verzweiflung. Stille Verzweiflung kommt für uns nicht in Frage, solange noch eine Stimme übrig ist. Es dauert über eine Stunde: Hinterhältige Bemerkungen, Geschrei, Anklacountercharges. I want to eat. I want to got home. I want to cry.

And then the hotel manager walks in.

Brown blazer, twenty-dollar haircut, and a smile from here to the Odessa Steps. A huddle at the platform. Baker and Mr Manager bowing and scraping at each other, Bud Odum looking grim, Weiss turning colors. Sophie and I go up, followed by half the congregation. Nobody trusts to hear it secondhand. I can sense the sweat breaking under that blazer when he sees us coming, toothless, gnarled, suspicious by habit. Ringing around him, the Anarchists' Convention.

"A terrible mistake," he says.

"All my fault," he says.

"I'm awfully sorry," he says, "but you'll have to move."

Seems the Rotary Club, the Rotary Club from Sioux Falls, had booked this room *before* us. Someone misread the calendar. They're out in the lobby, eyeballing Bakunin, impatient, full of gin and boosterism.

"We have a nice room, a smaller room," coos the manager, "we can set you up there in a jiffy. Much less drafty than this room, I'm sure the older folks would feel more comfortable."

"I think it stinks," says Rosenthal, every year the committee treasurer. "We paid cash, the room is ours."

Rosenthal doesn't believe in checks. "The less the Wall street boys handle your money," he says, "the cleaner it is." Who better to be treasurer than a man who thinks gold is filth?

"That must be it," says Sophie to the manager.

gen, Gegenvorwürfe. Ich will etwas zu essen haben. Ich will nach Hause. Ich will heulen.

Da kommt der Geschäftsführer des Hotels herein.

Brauner Blazer, Zwanzig-Dollar-Haarschnitt, ein Lächeln von hier bis zu den Stufen von Odessa. Wirrwarr auf dem Podium. Baker und der Herr Geschäftsführer verbeugen sich voreinander und machen Kratzfüße, Bud Odum schaut grimmig drein, Weiss wechselt die Hautfarbe. Sophie und ich gehen hinauf, gefolgt von der Hälfte der Versammlung. Niemand will darauf vertrauen, es aus zweiter Hand zu erfahren. Ich spüre förmlich, wie der Schweiß unter diesem Blazer ausbricht, als er uns kommen sieht, zahnlos, mürrisch, aus Gewohnheit misstrauisch. Er ist von der Anarchisten-Tagung umzingelt.

«Ein schreckliches Versehen», sagt er.

«Alles meine Schuld», sagt er.

«Es tut mir furchtbar leid», sagt er, «aber Sie müssen umziehen.»

Es scheint so, als habe der Rotary Club, der Rotary Club aus Sioux Falls, diesen Saal *vor* uns gemietet. Jemand hat sich im Datum geirrt. Sie sind draußen im Foyer, beäugen Bakunin, ungeduldig, strotzend vor Gin und Tatendrang.

«Wir haben einen schönen Saal, einen kleineren Saal», säuselt der Geschäftsführer, «wir können ihn im Nu für Sie herrichten. Viel weniger zugig als dieser Saal, ich bin sicher, die älteren Herrschaften fühlen sich da wohler.»

«Ich finde, das stinkt zum Himmel», sagt Rosenthal, wie jedes Jahr der Kassenwart des Kommitees. «Wir haben bar bezahlt, der Saal gehört uns.»

Rosenthal ist gegen Schecks. «Je weniger die Jungs von der Wall Street mit deinem Geld zu tun haben», sagt er, «desto sauberer ist es.» Wer könnte ein besserer Kassenwart sein als ein Mann, der glaubt, Gold sei Dreck?

«Das wird es sein», sagt Sophie zum Geschäftsführer,

"You've got your cash from us, money in the bank, you don't have to worry. The Rotary, they can cancel a check, so you're scared. And maybe there's a little extra on the side they give you, a little folding green to clear out the riffraff?"

Sophie has him blushing, but he's going to the wire anyhow. Like Frick in the Homestead Strike, shot, stomped, and stabbed by Alexander Berkman, they patch him up and he finishes his day at the office. A gold star from Carnegie. Capitalism's finest hour.

"You'll have to move," says the manager, dreams of corporate glory in his eyes, the smile hanging onto his face by its fingernails, "it's the only way."

"Never," says Weiss.

"Out of the question," says Sophie.

"Fuck off," says Pappas.

Pappas saw his father lynched. Pappas did three hard ones in Leavenworth. Pappas lost an eye, a lung, and his profile to a mob in Chicago. He says it with conviction.

"Pardon?" A note of warning from Mr Manager.

"He said to fuck off," says Fritz Groh.

"You heard him," echoes Allie Zaitz.

"If you people won't cooperate," huffs the manager, condescension rolling down like a thick mist, "I'll have to call in the police."

It zings through the room like the twinge of a single nerve.

"Police! They're sending the police!" cries Pinkstaff.

"Go limp!" cries Vic Lewis, knuckles white with excitement on his walker. "Make 'em drag us out!"

« wir haben bar bezahlt, das Geld ist auf der Bank, darüber brauchen Sie sich also keine Sorgen zu machen. Die Rotarier dagegen, die können ihren Scheck sperren, davor haben Sie Angst. Und vielleicht gibt es ja auch noch ein Scheinchen zusätzlich für Sie, damit Sie das Gesindel rausschmeißen. »

Sophie schafft es, dass er errötet, aber er wird das jetzt bis zum Ende durchstehen. Wie Frick beim Homestead-Streik, angeschossen, getreten, durchbohrt von Alexander Bergman – sie flicken ihn zusammen, und er beendet seinen Arbeitstag im Büro. Ein goldener Stern von Carnegie. Die schönste Stunde des Kapitalismus.

« Sie müssen umziehen », sagt der Geschäftsführer. In seinen Augen schimmert der Traum vom Aufstieg auf der Karriereleiter. Ein Rest seines Lächelns hält sich mit letzter Kraft in seinem Gesicht. « Es geht nicht anders. »

« Niemals », sagt Weiss.

« Kommt nicht in Frage », sagt Sophie.

« Verpiss dich », sagt Pappas.

Pappas hat zugesehen, wie sein Vater gelyncht wurde. Er hat drei harte Jahre in Leavenworth gesessen. Der Pöbel in Chicago hat ihm die halbe Lunge und ein Auge zerstört und das Gesicht verunstaltet. Er sagt es mit Überzeugung.

« Wie bitte? » Eine Warnung liegt im Tonfall des Herrn Geschäftsführers.

« Er hat Ihnen geraten, sich zu verpissen », sagt Fritz Groh.

« Sie haben richtig gehört », bestätigt Allie Zaitz.

« Wenn Sie partout kein Entgegenkommen zeigen », sagt der Geschäftsführer schnippisch, von Herablassung triefend, « dann werde ich die Polizei holen müssen. »

Es sirrt durch den Raum wie der stechende Schmerz eines einzelnen Nervs.

« Polizei ! Sie holen die Polizei ! » schreit Pinkstaff.

« Macht euch schwer ! » schreit Vic Lewis, auf seinen Gehwagen gestützt, die Knöchel weiß vor Aufregung. « Sie sollen uns raustragen müssen ! »

"Mind the shuttles, mind the shuttles!" cries old Mrs Axelrod in Yiddish, sitting straight up in her chair.

Allie Zaltz is on the phone to a newspaper friend, the Bernard girls are taping everything in sight. Sophie is organizing us into squads, and only Baker holding Weiss bodily allows Mr. Manager to escape the room in one piece. We're the Anarchists' Convention!

Nobody bickers, nobody stalls or debates or splinters. We manage to turn the long table around by the door as a kind of barricade, stack the chairs together in a second line of defense, and crate Mrs Axelrod back out of harm's way. I stay close by Sophie, and once, lugging the table, she turns and gives me that smile. Like a shot of adrenalin. I feel fifty again. Sophie, Sophie, it was always so good just to be at your side!

And when the manager returns with his two befuddled street cops to find us standing together, arms linked, the lame held up out of their wheelchairs, the deaf joining from memory as Bud Odum leads us in "We Shall Not Be Moved," my hand in Sophie's, sweaty-palmed at her touch like the old days, I look at him in his brown blazer and think *Brickman*, I think, *my God if Brickman was here we'd show this bastard the Wrath of the People!*

« Passt auf die Schiffchen auf, passt auf die Schiffchen auf ! » schreit die alte Frau Axelrod in Jiddisch, und setzt sich in ihrem Sessel auf.

Allie Zaitz telefoniert mit einem Journalisten-Freund, die Barnard-Girls zeichnen alles in ihrer Reichweite auf, Sophie teilt uns in Abteilungen ein, und nur weil Weiss von Baker gewaltsam festgehalten wird, gelingt es dem Herrn Geschäftsführer, heil aus dem Saal zu entkommen. Wir sind hier auf der Anarchisten-Tagung !

Niemand zankt sich, schindet Zeit, zögert oder diskutiert oder spaltet sich ab. Es gelingt uns, den Tisch als eine Art Barrikade vor die Tür zu schieben, die Stühle als eine zweite Verteidigungslinie zusammenzurücken und Frau Axelrod aus der Gefahrenzone zu zerren. Ich bleibe dicht bei Sophie, und während sie den Tisch mit anfasst, dreht sie sich einmal um und lächelt mich an. Wie ein Adrenalinstoß. Ich fühle mich wieder wie fünfzig. Sophie, Sophie, es war immer so schön, einfach nur an deiner Seite zu sein !

Der Geschäftsführer kommt mit seinen beiden verwirrten Schupos zurück. Wir stehen dicht an dicht, die Arme ineinandergehakt, die Lahmen werden über ihren Rollstühlen untergefasst, die Tauben stimmen aus der Erinnerung mit ein – Bud Odum dirigiert « We Shall Not Be Moved ». Meine Hand liegt in Sophies, die Innenfläche wird feucht bei der Berührung, ganz wie in alten Zeiten. Ich schaue ihn mir an in seinem braunen Blazer und denke: *Brickman*, denke ich, *mein Gott, wenn Brickman hier wäre, würden wir dem Mistkerl zeigen, was der Zorn des Volkes ist!*

Every Sunday morning that spring she went riding in Central Park. In her leather boots and tweed jacket, with a riding hat and a silk scarf, she rode the same route each time. On the same fields, the same trees, she measured the mounting gradations of green and heat and light.

At the stables they always gave her the horse she liked best: a huge gray whose solemnity hid a hostile streak. She enjoyed the small treacherous impulses beneath his good manners. And she could outguess him every time. She knew when he would veer with deadpan grace under a low branch, and she would duck just in time with equally casual assurance. She could tell when he planned to swing abruptly off the path and break into a homeward gallop. She would give him a small, sharp cut with her crop, and he would obey the warning. They proceeded together in stately sobriety – serene, handsome, and locked in invisible battle.

The park was filled with promises of violence. Along the western stretch old women walked their dogs, who quivered with the bitter anxieties of their mistresses. She feared the dogs, their yelps and their nasty faces. Then, when she rounded the southern curve of the bridle path, there was a bench where a black man with a shrunken left arm usual- ly slept. Once the man had wakened when she rode by and had shouted an obscenity after her. It had never happened again. But she dreaded him. He slept with the good arm holding the mutilated one on his chest like a shotgun.

Often she encountered teenagers on roller skates or bicycles, roaming in packs with their radios drib-

Tricia Tunstall: Regelmäßige Begegnung

In diesem Frühjahr kam sie jeden Sonntagmorgen zum Reiten in den Central Park. In Lederstiefeln und Tweedjacke, mit Reithut und Seidenschal ritt sie immer den selben Weg. An den selben Spielfeldern, den selben Bäumen mag sie das stufenweise Zunehmen des Grüns, der Hitze und des Lichts.

In den Ställen gaben sie ihr immer ihr Lieblingspferd: einen großen Grauen, dessen Gesetztheit einen feindseligen Zug verbarg. Sie mochte die kleinen, verräterischen Antriebe hinter seinem guten Betragen. Und sie war ihm jedes Mal gewachsen. Sie wusste, wann er mit undurchschaubarer Anmut einen Abstecher unter einen tiefen Ast machen würde, und sie duckte sich gerade rechtzeitig mit der gleichen lässigen Sicherheit. Sie merkte, wenn er vorhatte, plötzlich vom Pfad abzuschwenken und heimwärts zu galoppieren. Sie gab ihm dann einen kleinen, scharfen Hieb mit ihrer Gerte, und er gehorchte ihrer Warnung. Sie ritten miteinander in erhabener Ruhe weiter – heiter, ansehnlich und in einen unsichtbaren Kampf verstrickt.

Der Park war voller Vorahnung von Gewalt. Entlang der Westseite führten alte Frauen ihre Hunde aus, die vor den bitteren Ängsten ihrer Herrinnen zitterten. Sie fürchtete sich vor den Hunden, ihrem Gekläff und ihren garstigen Gesichtern. Wenn sie dann die südliche Kurve des Reitpfades umrundete, stand da eine Bank, auf der meistens ein Schwarzer mit einem verkrüppelten linken Arm schlief. Einmal war der Mann aufgewacht, als sie vorbeiritt, und hatte ihr etwas Obszönes nachgerufen. Es war nie wieder geschehen. Aber ihr graute vor ihm. Im Schlaf hielt er mit dem heilen Arm den verstümmelten wie ein Gewehr auf der Brust.

Oft traf sie Teenager auf Rollschuhen oder Fahrrädern, die in Gruppen umherstreiften, und aus deren Radios bling streams of disco music. The two of them, she and her steed, sailed past these noisy gangs like ghosts, invisible beneath their own private bell jar filled with the satin air of another century. But they taunted her sometimes. Then she and the horse left off their subterranean contests. He would trot steadily, enormous and lithe; she locked her hands at the base of his neck. She seldom cantered. She loved the solitary etiquette of posting.

The high point of her ride always came when she circled the reservoir. There was a young, swarthy man with a mustache who rode at the same time she did on Sunday mornings. He rode a smaller horse, a chestnut, and he rode very well. The first time she saw him he had raised his hand and tipped his hat to her as she passed. It was a gesture that seemed to her at once noble and deferential. She felt how lovely a sight she was, flushed and clear-eyed, erect with elegant reserve, the skyline to the east stretched like a banner behind her slim body.

Every week since then she had seen him there, on the path circling the reservoir; and every week he had saluted her. He was always riding counter-clockwise, so she always rode clockwise. His little horse would come careening along, mud flying like sparks, and he, sitting easily in the saddle as though motionless, would lean forward slightly when he saw her. As they drew abreast of one another she watched him covertly. His hands shifted; the right hand gathered the reins. The left began a slow journey toward the hat brim. At last she would glance at him. His fingers touched the brim, and her mouth quivered in an allusion to a smile. Then he was past. And she would ride on around the reservoir, sweating a litte and cooing at her horse.

endlose Discomusik rieselte. Sie beide, sie und ihr Ross, zogen an diesen lärmenden Gruppen vorbei wie Geister, unsichtbar unter ihrer eigenen heimeligen Glasglocke, die angefüllt war mit der weichglänzenden Atmosphäre eines anderen Jahrhunderts. Aber sie verspotteten sie manchmal. Dann ließen sie und das Pferd ihre unterschwelligen Streitigkeiten bleiben. Das große geschmeidige Tier trabte gleichmäßig; sie schloss an seinem Halsansatz die Fäuste. Sie fiel selten in Galopp. Sie liebte es, in einsamem Zeremoniell leicht zu traben.

Der Höhepunkt ihres Ausritts kam, wenn sie den Wasserturm umrundete. Ein dunkelhäutiger, junger Mann mit Schnurrbart ritt dort zur gleichen Zeit wie sie sonntag morgens. Er ritt ein kleineres Pferd, einen Fuchs, und er ritt sehr gut. Als sie ihn zum ersten Mal sah, hob er seine Hand und tippte an seinen Hut, als sie vorbeikam. Es war eine Geste, die ihr gleichzeitig edel und ehrerbietig schien. Sie spürte, was für ein anmutiger Anblick sie war, rotwangig und helläugig, aufrecht in vornehmer Zurückhaltung, die Skyline im Osten wie ein entrolltes Banner hinter ihrem schlanken Körper.

Seitdem hatte sie ihn jede Woche dort gesehen, auf dem Pfad um den Wasserturm; und jede Woche hatte er sie gegrüßt. Er ritt immer gegen den Uhrzeigersinn; sie ritt immer im Uhrzeigersinn. Sein kleines Pferd kam angaloppiert, Lehm spritzte wie Funkenflug, und er saß leicht, wie regungslos im Sattel und lehnte sich ein wenig vor, wenn er sie sah. Als sie aufeinander zu kamen, beobachtete sie ihn vorsichtig. Seine Hände bewegten sich: die rechte nahm die Zügel. Die linke machte eine langsame Bewegung zum Hutrand hin. Schließlich schaute sie ihn an. Seine Finger berührten die Krempe, und ihr Mund zitterte im Anflug eines Lächelns. Dann war er vorbei. Und sie ritt weiter um den Wasserturm, ein wenig schwitzend, mit zärtlichen Worten für ihr Pferd.

She waited all week for this encounter with an expectant agitation she was hardly aware of. Often, late in the weekday afternoons, she would sit at an open file at the office and think of him. She never wondered where he lived or what his name was, or why he rode so well. She simply imagined over and over again the moment of his appearing in the distance on the bridle path and cantering toward her, his buttons gleaming in the light, his left arm beginning to lift. She treasured the thought of all that was unspoken between them: admiration of one another's grace; disdain for the vulgar, horn-bleating, fume-spraying machines in the streets beyond the park; belief in the beauty of velvet hats and shining buttons.

The image accompanied her like a charm, or a prayer. Each week she went to test the charm again. Each week he was there, and tipped his hat.

One morning in May, after a long rain, the park was busier and prettier than she had ever seen it. The dark brim of her riding hat hung like a poised camera shutter over the path before her. In the shy spring sunlight the new leaves wobbled and uncurled. The path was muddy and full of pigeons. On one side stretched the boat lagoon, reflecting the southern skyline in trembling disarray: the Essex House staggered, the Barbizon leaned into the Plaza.

She looked out over the paved road that ran parallel to the path, over the ball fields and grassy hills and the water. She could feel the steady pulse of the great park, the heavy green heart of the city. The whole vista was in motion: hundreds of bicycle wheels turning, hundreds of revolving rowboat oars, hundreds of roller-skating legs gently

Sie wartete die ganze Woche auf diese Begegnung mit einer erwartungsvollen Aufregung, derer sie sich kaum bewusst war. Oft saß sie wochentags am späten Nachmittag im Büro vor einem offenen Aktenordner und dachte an ihn. Sie fragte sich nie, wo er wohnte, oder wie er hieß, oder warum er so gut ritt. Sie stellte sich einfach immer wieder vor, wie er in der Ferne auf dem Reitweg auftauchte und auf sie zu galoppierte, wie seine Knöpfe im Licht glitzerten und sein linker Arm sich zu heben begann.
Sie hütete den Gedanken an alles, was ungesagt zwischen ihnen war: das Bewundern der Anmut des anderen; die Verachtung der gewöhnlichen, hupenden, abgasverbreitenden Fahrzeuge auf den Straßen jenseits des Parks; der Glaube an die Schönheit von Samthüten und schimmernden Knöpfen.

Die Vorstellung begleitete sie wie ein Zauber oder ein Gebet. Jede Woche prüfte sie den Zauber wieder. Jede Woche war er da und tippte an seinen Hut.

Eines Morgens im Mai, nach einem langen Regen, war der Park belebter und hübscher, als sie ihn je gesehen hatte. Die dunkle Krempe ihres Reithuts hing wie ein aufgeklappter Kameraverschluss über dem Pfad vor ihr. Im scheuen Licht der Frühlingssonne schwankten die neuen Blätter und entkräuselten sich. Der Pfad war schlammig und voller Tauben. Auf der einen Seite erstreckte sich der Bootsteich und spiegelte die südliche Skyline in zitternder Unordnung: das Essex House wankte, das Barbizon lehnte sich ans Plaza.

Sie blickte über den gepflasterten Weg, der parallel zum Pfad lief, über die Spielfelder, die grasgrünen Hügel und das Wasser. Sie spürte den gleichmäßigen Pulsschlag des großen Parks, das schwere grüne Herz der Stadt. Soweit sie schaute, war alles in Bewegung: Hunderte von Fahrradreifen drehten sich, Hunderte von Riemen ruderten, Hunderte von Rollschuh laufenden Beinen liefen, liefen…

stroking, stroking … she thought of the boat pond where the miniature sails fluttered, the carrousel where the lacquered ponies dipped and rose. Every movement, she felt, locked into every other: knees went up and down, oars traced slow circles, in exact and endless collusion.

And she was doing her part. She posted in an ecstasy of rhythmic restraint. At the core of the whole bustling machine, she was certain, was the salute – a left arm going slowly up, then slowly down. It was the coiled spring that kept the day ticking.

As she approached the reservoir she straightened her back in anticipation and slowed her horse to a walk. The path ahead was empty. She let the horse relax and patted his sticky sides.

Three-quarters of the way around the reservoir the man on the chestnut horse had not come. She grew worried; he had never been so late. She strained her eyes down the path. Then she heard a voice behind her.

"Hello. Beautiful day, isn't it?"

She stiffened in shock, and did not turn for a moment. It was impossible that the man should be riding clockwise. It was impossible that he should be beside her, and speaking. But she turned finally and looked at his horse next to hers. She stared at the soggy shadows of sweat on the chestnut neck.

"We sure have been lucky with the weather this spring," he said. "Nothing I hate worse than muggy weather."

After a pause he continued. "But you won't stop coming when it gets real hot, will you?"

She glanced up briefly and saw that his mustache grew thinner when he smiled.

"You're a real regular. I never knew anybody as

sie dachte an den Bootsteich, wo die winzigen Segel flatterten, an das Karusell, wo die bemalten Ponys auf und nieder wippten. Alle Bewegungen, das spürte sie, griffen ineinander: Kniee gingen hoch und runter, Ruder zogen langsame Kreise, in genauem und endlosem Einverständnis.

Und sie tat ihr Teil. Sie trabte leicht, im Hochgefühl rhythmischer Selbstbeherrschung. Im Innersten des ganzen lärmenden Getriebes war, das wusste sie sicher, der Gruß – ein linker Arm, der sich langsam nach oben bewegt, dann langsam nach unten. Er war die Sprungfeder, die das Uhrwerk des Tages in Gang hielt.

Als sie sich dem Wasserturm näherte, setzte sie sich vor Erwartung aufrecht und zügelte ihr Pferd zum Schritt. Der Pfad vor ihr war leer. Sie ließ das Pferd sich entspannen und klopfte seine verschwitzten Flanken.

Nach drei Vierteln des Weges um den Wasserturm war der Mann auf dem Fuchs noch nicht gekommen. Sie begann sich zu sorgen; er war noch nie so spät gewesen. Sie schaute angestrengt den Pfad hinunter. Dann hörte sie eine Stimme hinter sich.

«Hallo. Schöner Tag, nicht wahr?»

Sie erstarrte vor Schreck und drehte sich nicht gleich um. Es war unmöglich, dass der Mann im Uhrzeigersinn ritt. Es war unmöglich, dass er neben ihr war und sprach. Aber sie drehte sich schließlich um und sah sein Pferd an, das neben dem ihren stand. Sie starrte auf die nassen dunklen Schweißflecken auf dem braunen Hals.

«Wir haben wirklich Glück mit dem Wetter dieses Frühjahr», sagte er. «Nichts, was ich mehr hasse als feuchtwarmes Wetter.»

Nach einer Pause fuhr er fort: «Aber Sie kommen doch auch wenn's richtig heiß wird, oder?»

Sie schaute kurz auf und sah, dass sein Schnurrbart dünner wurde, wenn er lächelte.

«Sie sind echt pünktlich. Ich kenne niemanden, der so

regular as I am. It's a kick." He watched her wrap her fingers in her horse's mane. "You don't talk much," he observed. "Don't tell me you're shy. You never struck me as the shy type."

She stammered something then. "Ah!" he said. "She talks. The lady talks." The mustache grew thin as an eyebrow. "She rides well, she looks great, and she talks too. I wonder what her name is."

"Vivian," she lied.

"And mine, although you haven't asked, is Andy."

The tips of her fingers were purple. Suddenly she blurted, "I have to go –" and frightened her horse into a gallop. But he was right behind her, spurring the little chestnut.

"Hang on!" he called. "What did I say wrong? Hey, Vivian! Talk to me!"

He was a daring rider, and he crowded her horse to the edge of the path till she had to rein him in. She said, "I'm sorry. I didn't mean to be rude."

He settled his horse into a brisk walk beside hers and leaned back in his saddle. "So you come here a lot, or what?" he asked.

"I come here quite often."

"No place I'd rather ride. Whole state of Ohio isn't as classy as this little lawn right here to ride in. Don't you think so?"

"I've never been to Ohio."

"Well, believe me, you're lucky." He stretched his arms in comfortable boredom at the topic of Ohio. "Place is the pits. Nobody there but farmers and music students. You'd hate it," he ended confidentially.

She was silent.

"Of course I don't imagine you're likely to go

pünktlich ist wie ich. Wahnsinn.» Er sah zu, wie sie die Finger in die Mähne des Pferdes wickelte. «Sie reden nicht viel», bemerkte er. «Erzählen Sie mir nicht, dass Sie schüchtern sind. Schüchtern kamen Sie mir gar nicht vor.»

Sie stammelte etwas. «Oh!» sagte er. «Sie spricht. Die Dame spricht.» Der Schnurrbart wurde so dünn wie eine Augenbraue. «Sie reitet gut, sie sieht großartig aus, und sie spricht auch. Ich frage mich, wie sie heißt.»

«Vivian», log sie.

«Und ich heiße, auch wenn Sie nicht gefragt haben, Andy.»

Ihre Fingerspitzen waren dunkelrot. Plötzlich stieß sie hervor: «Ich muss los...»; und erschreckte ihr Pferd so, dass es in Galopp fiel. Aber er blieb unmittelbar hinter ihr, indem er den kleinen Fuchs antrieb.

«Warten Sie», rief er. «Was habe ich Falsches gesagt? He, Vivian! Reden Sie!»

Er war ein verwegener Reiter und drängte ihr Pferd an den Rand des Weges, bis sie es zügeln musste. Sie sagte: «Es tut mir leid. Ich wollte nicht unhöflich sein.»

Er ließ sein Pferd in flottem Schritt neben ihrem gehen und lehnte sich im Sattel zurück. «Sie kommen also viel hierher, oder?» fragte er.

«Ich komme ziemlich oft.»

«Nirgends reite ich lieber. Der ganze Staat Ohio ist nicht so prima zum Reiten wie dieser kleine Rasen hier. Meinen Sie nicht?»

«Ich war nie in Ohio.»

«Dann haben Sie Glück gehabt, glauben Sie mir.» Er dehnte die Arme vor behaglicher Langeweile beim Thema Ohio. «Es ist das Letzte. Nichts als Bauern und Musikstudenten gibt es dort. Sie würden es hassen», schloss er vertraulich.

Sie schwieg.

«Ich kann mir auch nicht vorstellen, dass Sie dorthin

there. You stay around the city mostly, I'll bet. After all, I see you every single Sunday."

She looked at him finally. "See me every Sunday?"

"Well, I mean, that's the only time I come here, is Sundays."

"I don't know what you're talking about," she said softly. "I've never seen you here."

"Never seen me? Of course you've seen me! I'm the one you always pass coming the other way. You always sort of smile. That's me."

She pulled her silk scarf tighter around her throat, and shook her head. "You must have me confused with someone else," she said.

"You're the one who's confused," he said uncertainly.

"Oh, no," she whispered. "I never smile at anyone while I'm riding." She turned her head away, and the wind splashed one end of the scarf against her cheek. "I'm sorry," she said, "but I really – I really do have to go." She dug her heels into her horse's sides. He heaved himself into a trot.

The man watched her go. She posted with perfect regularity. Her brown velvet hat slipped forward a little, and her hair flared out behind her like a bright rudder.

He shook his head and turned his horse. Slowly, carelessly, he began to ride counterclockwise around the reservoir.

gehen. Ich wette, Sie bleiben meistens in der Stadt. Immerhin sehe ich Sie jeden Sonntag.»

Endlich sah sie ihn an: «Sie sehen mich jeden Sonntag?»

«Na ja, ich meine, der einzige Tag, an dem ich herkomme, ist der Sonntag.»

«Ich weiß nicht, wovon Sie reden», sagte sie sanft. «Ich habe Sie noch nie hier gesehen.»

«Mich nie gesehen? Natürlich haben Sie mich gesehen! Ich bin der, an dem Sie immer vorbeireiten, wenn ich andersherum komme. Irgendwie lächeln Sie dann immer. Das bin ich.»

Sie zog ihren Seidenschal fester um den Hals und schüttelte den Kopf. «Sie müssen da was durcheinander bringen», sagte sie.

«Sie sind es, die durcheinander ist», sagte er unsicher.

«Oh nein», flüsterte sie. «Ich lächele nie irgendjemanden an, wenn ich reite.» Sie drehte den Kopf zur Seite, und der Wind schlug ihr ein Ende des Schals gegen die Wange. «Es tut mir leid», sagte sie, «aber ich muss wirklich – ich muss wirklich los.» Sie drückte die Absätze gegen die Flanken des Pferdes. Es setzte sich in Trab.

Der Mann sah ihr nach. Sie trabte leicht, in vollkommenem Gleichmaß. Ihr brauner Samthut war ein wenig nach vorn gerutscht, und ihr Haar flatterte hinter ihr her wie ein glänzendes Steuerruder.

Er schüttelte den Kopf und wendete sein Pferd. Langsam, sorglos, begann er gegen den Uhrzeigersinn um den Wasserturm zu reiten.

Rosa could not tell her sister how scared she was or how glad she was that she had consented to come with her. Instead they made small talk on the plane, and Rosa looked out of the window at the clouds.

It was a kind of sentimental journey for Rosa, months too late, going to visit the aunt in whose house their grandfather had died. She did not even know why she must do it: she had spent the earlier part of the summer in such far-flung places as Cyprus und Greece. Jamaica. She was at a place in her life where she seemed to have no place. She'd left the brownstone in Park Slope, given up the car and cat. Her child was at camp. She was in pain. That, at least, she knew. She hardly slept. If she did sleep, her dreams were cold, desolate, and full of static. She ate spaghetti, mostly, with shrimp, from a recipe cut out from the *Times*. She listened to the jazz radio station all the time, her heart in her mouth.

"So how is Ivan?" her sister, Barbara, asked.

Barbara was still fond of her brother-in-law, and hurt that after his divorce from Rosa he'd sunk back into the white world so completely that even a Christmas card was too much trouble to send people who had come to love him.

"Oh, fine," Rosa said. "Living with a nice Jewish girl, at last." Which might have explained the absence of a Christmas card, Rosa thought, but she knew it really didn't.

"Really? What's she like?"

"Warm. Attractive. Loves him."

This was mostly guesswork on Rosa's part; she'd met Sheila only once. She hoped she had these at-

Rosa konnte ihrer Schwester nicht sagen, wie beklommen noch wie froh es sie machte, dass sie zugestimmt hatte mitzukommen. Statt dessen redeten sie im Flugzeug von belanglosen Dingen, und Rosa schaute aus dem Fenster nach den Wolken.

Es war eine Art sentimentale Reise für Rosa, um Monate verspätet besuchten sie die Tante, bei der ihr Großvater gestorben war. Sie wusste nicht einmal, warum sie es tun musste: sie hatte den Frühsommer an weit entfernten Orten wie Zypern und Griechenland verbracht. Jamaika. Sie befand sich an einem Punkt in ihrem Leben, wo sie nirgends hinzugehören schien. Sie hatte das Sandsteinhaus am Park Slope verlassen, das Auto und die Katze aufgegeben. Ihr Kind war im Ferienlager. Sie litt. Das zumindest wusste sie. Sie schlief kaum. Und wenn sie schlief, waren ihre Träume kalt, trostlos und bedrückend. Sie aß meistens Spaghetti mit Shrimps nach einem Rezept, das sie aus der *Times* ausgeschnitten hatte. Sie hörte die ganze Zeit den Radiosender mit Jazz und hatte Herzbeschwerden.

«Und wie geht es Ivan?» fragte ihre Schwester Barbara. Barbara mochte ihren Schwager immer noch; es kränkte sie, dass er nach seiner Scheidung von Rosa wieder so vollständig in die Welt der Weißen eingetaucht war, dass es ihm sogar zu viel war, den Leuten, die ihn lieben gelernt hatten, eine Weihnachtskarte zu schicken.

«Oh, gut», sagte Rosa. «Er lebt endlich mit einem netten jüdischen Mädchen zusammen.» Was das Ausbleiben der Weihnachtskarte erklären könnte, dachte Rosa, aber sie wusste, dass es das eigentlich nicht tat.

«Wirklich? Wie ist sie?»

«Warm. Anziehend. Liebt ihn.»

Das waren größtenteils Vermutungen von Rosa; sie hatte Sheila nur einmal getroffen. Sie hoffte, dass sie diese Eigentributes, for his sake. A week after she'd moved out of the brownstone, Sheila had moved in, and all her in-laws, especially Ivan's mother, seemed very happy. Once Rosa had "borrowed" the car (her own, which she'd left with him), and when she returned it, mother and girlfriend met her at her own front gate, barring her way into her own house, their faces flushed with the victory of finally seeing her outside where she belonged. Music and laughter of many guests came from inside.

But did she care? No. She was free. She took to the sidewalk, the heels of her burgundy suede boots clicking, free. Her heart making itself still by force. *Ah*, but then at night when she slept, it awoke, and the clicking of her heels was nothing to the rattling and crackling of her heart.

"Mama misses him," said Barbara.

Rosa knew she did. How could she even begin to understand that this son-in-law she doted on was incapable, after divorcing her daughter, of even calling on the phone to ask how she felt, as she suffered stroke after frightening and debilitating stroke? It must have seemed totally unnatural to her, a woman who had rushed to comfort the sick and shut-in all her life. It seemed unnatural even to Rosa, who about most other things was able to take a somewhat more modern view.

At last they were in sight of the Miami airport, Before they could be prevented by the stewardess, Barbara and Rosa managed to exchange seats. Barbara sat by the window because she flew very rarely and it was a treat for her to "see herself" landing. Rosa no longer cared to look down. She schaften hatte, um seinetwillen. Eine Woche nachdem sie aus dem Sandsteinhaus ausgezogen war, war Sheila eingezogen, und all ihre Schwiegerleute, besonders Ivans Mutter, schienen sehr glücklich. Einmal hatte Rosa sich das Auto «geliehen» (ihr eigenes, das sie ihm gelassen hatte), und als sie es zurückbrachte, fingen Mutter und Freundin sie an ihrer eigenen Haustür ab, versperrten ihr den Weg in ihr eigenes Haus, die Gesichter gerötet von dem Sieg, sie endlich draußen zu sehen, wo sie hingehörte. Man hörte von drinnen Musik und das Lachen vieler Gäste.

Aber machte es ihr etwas aus? Nein. Sie war frei. Sie lief auf den Bürgersteig, die Absätze ihrer burgunderfarbenen Wildlederstiefel klapperten, sie war frei. Ihr Herz zwang sich zur Ruhe. Aber ach, wenn sie dann nachts schlief, erwachte es, und das Klappern der Absätze war nichts gegen das Schlagen und Springen ihres Herzens.

«Mama vermisst ihn», sagte Barbara.

Rosa wusste das. Wie konnte sie auch nur halbwegs verstehen, dass dieser Schwiegersohn, in den sie vernarrt war, es nicht fertigbrachte, nachdem er von ihrer Tochter geschieden war, sie wenigstens einmal anzurufen und zu fragen, wie es ihr gehe, als sie einen beängstigenden Schwächeanfall nach dem andern erlitt? Es musste ihr völlig unnatürlich vorkommen, einer Frau, die sich ihr Leben lang bemüht hatte, Kranken und Eingesperrten zu helfen. Selbst Rosa fand es unnatürlich, die zu den meisten Dingen eine irgendwie modernere Ansicht haben konnte.

Schließlich sahen sie den Flughafen von Miami. Bevor die Stewardess sie daran hindern konnte, hatten Barbara und Rosa die Plätze gewechselt. Barbara saß am Fenster, weil sie sehr wenig flog, und es war ihr ein Genuss, «sich selbst» landen zu sehen. Rosa legte keinen Wert mehr darauf, hinunter zu schauen. Sie war in diesem Sommer so had traveled so much that summer. The trip to Cyprus in particular had been so long it had made her want to scream. And then, in Nicosia, the weather was abominable. One hundred twenty degrees. It hurt to breathe. And there had been days of visiting Greeks in refugee camps and listening to socialists and visiting the home of a family in which an only son – standing next to a socialist leader at a rally – was assassinated by mistake. Though it had happened over a year earlier his father still wept as he told of it, and looked with great regret at his surviving daughter and *her* small daughter. "A man must have many sons," he said over and over, never seeming to realize that under conditions of war even a dozen sons could be killed. And not under war alone.

And then Rosa had flown to Greece, and Athens had been like New York City in late July and the Parthenon tiny...

When they arrived at the Miami airport they looked about with the slightly anxious interest of travelers who still remembered segregated travel facilities. If a white person had materialized beside them and pointed out a colored section they would have attacked him or her on principle, but have been only somewhat surprised. Their formative years had been lived under racist restrictions so pervasive that wherever they traveled in the world they expected, on some level, in themselves and in whatever physical circumstances they found themselves, to encounter some, if only symbolic, racial barrier.

And there it was now: on a poster across from them a blond white woman and her dark-haired male partner danced under the stars while a black viel gereist. Besonders der Flug nach Zypern war so lang gewesen, dass sie hätte schreien können. Und dann war das Wetter in Nikosia abscheulich. Fünfundvierzig Grad. Es tat weh zu atmen. Und es gab Tage, an denen sie Griechen in Flüchtlingslagern besuchte, Sozialisten zuhörte und eine Familie besuchte, deren einziger Sohn – als er bei einer Versammlung neben einem Sozialistenführer stand – aus Versehen ermordet wurde. Obwohl es über ein Jahr zuvor geschehen war, weinte sein Vater noch, als er es erzählte, und schaute mit großem Bedauern auf seine überlebende Tochter und deren kleine Tochter. «Ein Mann muss viele Söhne haben», sagte er immer und immer wieder, und es schien ihm nicht klar zu sein, dass unter Kriegsbedingungen auch ein Dutzend Söhne getötet werden konnte. Und nicht nur im Krieg.

Dann war Rosa nach Griechenland geflogen, und Athen war wie New York im späten Juli gewesen, und der Parthenon so winzig...

Als sie am Flughafen von Miami ankamen, schauten sie sich mit der etwas ängstlichen Aufmerksamkeit von Reisenden um, die sich noch an die Rassentrennung in Verkehrsmitteln erinnern konnten. Wenn jemand Weißes neben ihnen aufgetaucht wäre und ihnen eine Abteilung für Schwarze gezeigt hätte, hätten sie ihn oder sie aus Prinzip angegriffen, aber sie wären nur wenig überrascht gewesen. Ihre prägenden Jahre hatten sie unter derart allgegenwärtigen rassistischen Einschränkungen zugebracht, dass sie, wo immer sie hinkamen, damit rechneten, in sich selber oder in ihrer wie immer gearteten Umgebung an irgend eine wenn auch nur symbolische Rassenschranke zu stoßen.

Und da war sie nun: Auf einem Plakat schräg gegenüber tanzten eine blonde weiße Frau und ihr dunkelhaariger Partner unter Sternen, während eine schwarze Band spiel-band played and a black waiter waited and a black chef beamed from the kitchen.

A striking woman, black as midnight, in a blue pastel cotton dress, tall, straight of bearing, with a firm bun of silver-white hair, bore down upon them.

It's me, thought Rosa. My old self.

"Aunt Lily!" said Barbara, smiling and throwing her arms around her.

When it was her turn to be hugged, Rosa gave herself up to it, enjoying the smells of baby shampoo, Jergens lotion, and Evening in Paris remembered from childhood embraces, which, on second sniff, she decided was all Charlie. That was this aunt, full of change and contradictions, as she had known her.

Not that she ever had, really. Aunt Lily had come to visit summers, when Rosa was a child. She had been straight and black and as vibrant as fire. She was always with her husband, whose tan face seemed weak next to hers. He drove the car, but she steered it; the same seemed true of their lives.

They had moved to Florida years ago, looking for a better life "somewhere else in the South that wasn't so full of southerners." Looking at her aunt now – with her imperial bearing, directness of speech, and great height – Rosa could not imagine anyone having the nerve to condescend to her, or worse, attempt to cheat her. Once again Rosa was amazed at the white man's arrogance and racist laws. Ten years earlier this sweet-smelling, squeaky-clean aunt of hers would not have been permitted to try on a dress in local department stores. She could not have drunk at certain fountains. The main restaurants of the city would have te, und ein schwarzer Kellner bediente, und ein schwarzer Koch aus der Küche strahlte.

Eine auffallende Frau, schwarz wie die Nacht, in einem hellblauen Baumwollkleid, groß, hoch aufgerichtet, das silberweiße Haar in einem festen Knoten, steuerte auf sie zu.

Das bin ich, dachte Rosa. Ich, wenn ich alt bin.

«Tante Lily!» sagte Barbara, lächelte und schloss sie in die Arme.

Als Rosa mit Umarmen an der Reihe war, ließ sie es geschehen und genoss den Geruch von Babyshampoo, Jergens Lotion und Soir de Paris, an das sie sich von Umarmungen aus ihrer Kindheit erinnerte, und von dem sie nach einem zweiten Riechen beschloss, dass es «Charlie» war. Das war die Tante, wechselhaft und widersprüchlich, wie sie sie gekannt hatte.

Nicht, dass sie sie jemals wirklich gekannt hätte. Tante Lily war im Sommer zu Besuch gekommen, als Rosa ein Kind war. Sie war aufrecht gewesen und schwarz und sprühend wie Feuer. Sie kam immer mit ihrem Mann, dessen gegerbtes Gesicht neben ihrem schwach aussah. Er saß am Steuer, aber sie dirigierte ihn; das gleiche galt für ihr Leben.

Sie waren vor Jahren nach Florida gezogen, auf der Suche nach einem besseren Leben «irgendwo sonst im Süden, wo es nicht so viele Südstaatler gibt». Als sie ihre Tante nun ansah – mit ihrem gebieterischen Verhalten, ihrer klaren Sprache, ihrer Größe – konnte sich Rosa nicht vorstellen, dass jemand den Mut haben könnte, sie herablassend zu behandeln, oder schlimmer, versuchen würde, sie zu betrügen. Wieder war Rosa bestürzt von dem Dünkel der Weißen und ihren rassistischen Gesetzen. Vor zehn Jahren wäre es ihrer wunderbar duftenden, herausfordernd sauberen Tante nicht erlaubt gewesen, im Kaufhaus am Ort ein Kleid anzuprobieren. Sie hätte an bestimmten Brunnen nicht trinken können. Die wichtigsten Restaurants der been closed to her. The public library. The vast majority of the city's toilets.

Aunt Lily had an enormous brown station wagon, into which Rosa and Barbara flung their light travel bags. Barbara, older than Rosa and closer to Aunt Lily, sat beside her on the front seat. Rosa sat behind them, looking out the window at the passing scenery, admiring the numerous canals – she was passionately fond of water – and yet wondering about the city's sewerage problems, of which she had heard.

How like them, really, she thought, to build canals around their pretty segregated houses – canals so polluted that to fall into one was to risk disease.

When they arrived at Aunt Lily's squat, green house, with its orange and lemon trees in the yard, far from canals and even streetlights, they were met in the narrow hall by five of her aunt's seven foster children and a young woman who had been a foster child herself but was now sharing the house and helping to look after the children with Aunt Lily. Her name was Raymyna Ann.

Aunt Lily had, a long time ago, a baby son who died. For years she had not seemed to care for children. Rosa had never felt particularly valued by her whenever Aunt Lily had come to visit. Aunt Lily acknowledged her brother's children by bringing them oranges and grapefruit packed in orange net bags, but she rarely hugged or kissed them. Well, she rarely touched these foster children, either, Rosa noticed. There were so many of them, so dark (all as black, precisely, as her aunt) and so woundedly silent. But at dinner the table was

Stadt wären für sie geschlossen gewesen. Die Bibliothek. Die meisten Toiletten in der Stadt.

Tante Lily hatte einen riesigen braunen Kombiwagen; da hinein warfen Rosa und Barbara ihre leichten Reisetaschen. Barbara, die älter war als Rosa und Tante Lily näherstand, saß neben ihr auf den Vordersitz. Rosa saß hinter den beiden, schaute aus dem Fenster nach der vorbeifliegenden Landschaft, bewunderte die zahlreichen Kanäle – sie liebte Wasser leidenschaftlich –, dachte aber doch an die Abwasserprobleme der Stadt, von denen sie gehört hatte.

Es sieht ihnen wirklich ähnlich, dachte sie, dass sie Kanäle um ihre hübschen, rasse-getrennten Häuser bauten – Kanäle, die so verdreckt waren, dass man krank werden konnte, wenn man hineinfiel.

Als sie bei Tante Lilys niedrigem, grünem Haus ankamen, mit den Orangen- und Zitronenbäumen im Hof, weit weg von Kanälen und sogar von Straßenlampen, wurden sie in dem schmalen Flur erwartet von fünf der sieben Pflegekinder ihrer Tante und von einer jungen Frau, die auch ein Pflegekind gewesen war, aber nun mit im Haus wohnte und Tante Lily bei der Betreuung der Kinder zur Seite stand. Sie hieß Raymyna Anna.

Tante Lily hatte vor langer Zeit einen kleinen Jungen gehabt; der starb als Baby. Jahrelang schien es, als mache sie sich nichts aus Kindern. Rosa hatte sich nie besonders von ihr beachtet gefühlt, wenn Tante Lily zu Besuch kam. Tante Lily ging auf die Kinder ihres Bruders ein, indem sie ihnen Apfelsinen und Pampelmusen in orangefarbenen Netzbeuteln mitbrachte, aber sie hatte sie selten umarmt oder geküsst. Nun bemerkte Rosa, dass sie auch diese Pflegekinder selten anfasste. Es waren so viele, alle dunkel (genauso schwarz wie ihre Tante) und so stumm wie von einer Verletzung. Aber beim Abendessen war der Tisch mit Essen piled high with food, the little ones were encouraged to have seconds, and when they all trooped off to bed they did so in a cloud of soapy smells and dazzling linen.

Rosa lay in the tiny guest room, which had been her grandfather's room, and smoked a cigarette. Aunt Lily's face appeared at the door.

"Now, Rosa, I don't allow smoking or drinking in my house."

Rosa rose from the bed to put her cigarette out, her aunt watching her as if she were a child.

"*You* used to smoke and drink," Rosa said, piqued at her aunt's selfrighteous tone.

"Your mama told you that lie," said Aunt Lily, unsmiling. "She was always trying to say I was fast. But I never did drink. I tried to, and it made me sick. Every time she said she didn't want me laying on her freshly made-up bed drunk, I wasn't drunk, I was sick."

"Oh," said Rosa. She had the unfortunate tendency of studying people very closely when they spoke. It occurred to her for the first time that Aunt Lily didn't like her mother.

But *why* didn't Aunt Lily like her mother? The question nagged at her that night as she tried to sleep, then became lost in the many other questions that presented themselves well into the dawn.

Why, for instance, did Ivan no longer like her? And how could you live with someone for over a decade and "love" them, and then, as soon as you were no longer married, you didn't even like them?

Her marriage had been wonderful, she felt. Only the divorce was horrible.

The most horrible thing of all was losing Ivan's friendship and comradely support, which he yanked vollgepackt, die Kleinen wurden ermuntert, ein zweites Mal zuzugreifen, und als sie alle ins Bett abzogen, geschah es in einer Wolke von Seifengeruch und blendend weißer Wäsche.

Rosa lag in dem winzigen Gästezimmer, das das Zimmer ihres Großvaters gewesen war, und rauchte eine Zigarette. Tante Lilys Gesicht erschien in der Tür.

«Also, Rosa, ich erlaube nicht, dass in meinem Haus geraucht oder getrunken wird.»

Rosa stand auf und machte die Zigarette aus, während ihre Tante sie beobachtete, als wäre sie ein Kind.

«Du hast früher auch geraucht und getrunken», sagte Rosa, gereizt durch den selbstgerechten Ton ihrer Tante.

«Diese Lüge hat dir deine Mama erzählt», sagte Tante Lily ohne ein Lächeln. «Sie versuchte immer zu behaupten, ich sei liederlich. Aber ich habe nie getrunken. Ich habe es versucht, und mir wurde übel. Immer wenn sie sagte, sie wolle nicht, dass ich betrunken auf ihrem frisch gemachten Bett liege, war ich nicht betrunken, sondern krank.»

«Oh», sagte Rosa. Sie hatte die unglückliche Neigung, die Leute sehr genau zu beobachten, wenn sie sprachen. Zum ersten Mal wurde ihr bewusst, dass Tante Lily ihre Mutter nicht mochte.

Aber warum mochte Tante Lily ihre Mutter nicht? Diese Frage nagte in dieser Nacht an ihr, während sie versuchte zu schlafen, und verlor sich dann in den vielen anderen Fragen, die sich ihr bis weit ins Morgengrauen hinein stellten.

Warum, zum Beispiel, mochte Ivan sie nicht mehr? Und wie konnte man mit jemandem über ein Jahrzehnt zusammenleben und ihn «lieben» und ihn dann, sobald man nicht mehr verheiratet war, nicht einmal mehr mögen?

Ihre Ehe war wunderschön gewesen, das spürte sie. Nur die Scheidung war schrecklich.

Das Schrecklichste von allem war, Ivans Freundschaft und kameradschaftliche Unterstützung zu verlieren, die er out of her reach with a vengeance that sent her reeling. Two weeks after the divorce became final, when she was in the hospital for surgery that only after the fact proved to have been minor, he neither called nor sent a note. Sheila, now his wife, wouldn't have liked it, he later (years later) explained.

The next day all the children were in school, and Barbara stood behind Aunt Lily's chair combing and braiding her long silver hair. Rosa sat on the couch looking at them. Raymyna busily vacuumed the bedroom floors, popping in occasionally to bring the mail or a glass of water. She was getting married in a couple of weeks and would be moving out to start her own family. Rosa had of course not said anything when she heard this, but her inner response was surprise. She could not easily comprehend anyone getting married, now that she no longer was, but it was impossible for her to feel happy at the prospect of yet another poor black woman marrying God knows who and starting a family. She would have thought Raymyna would have already had enough.

But who was she to talk. Miss Cynical. She had married. And enjoyed it. She had had a child, and adored it.

In the afternoon her aunt and Raymyna took them sight-seeing. As she understood matters from the local newspapers, all the water she saw – whether canal, river, or ocean – was polluted beyond recall, so that it was hard even to look at it, much less to look at it admiringly. She could only gaze at it in sympathy. The beach she also found pitiable. In their attempt to hog it away from the poor, the black, and the local in general, the beachfront "developers" had erected massive ihr so grundsätzlich entzog, dass es sie fast umwarf. Zwei Wochen nachdem die Scheidung rechtskräftig war, als sie im Krankenhaus wegen etwas operiert wurde, das sich erst danach als geringfügig herausstellte, rief er weder an, noch schrieb er. Sheila, die nun seine Frau war, hätte es nicht gewollt, erklärte er später (Jahre später).

Am nächsten Tag waren alle Kinder in der Schule, und Barbara stand hinter Tante Lilys Stuhl und kämmte und flocht ihr langes, silbernes Haar. Rosa saß auf der Couch und sah den beiden zu. Raymyna staubsaugte eifrig die Böden der Schlafzimmer und schaute hin und wieder herein, um die Post oder ein Glas Wasser zu bringen. Sie würde in ein paar Wochen heiraten und ausziehen, um eine eigene Familie zu gründen. Rosa hatte natürlich nichts gesagt, als sie das hörte, aber in ihrem Inneren war sie überrascht. Sie konnte schon nicht so leicht verstehen, dass überhaupt jemand heiratete, jetzt, da sie selber nicht mehr verheiratet war, aber es war ihr unmöglich, froh zu sein bei der Aussicht, dass wieder einmal eine arme schwarze Frau Gott-weiß-wen heiratete und eine Familie gründete. Sie hätte gedacht, Raymyna hätte schon genug davon.

Aber wer war sie, um dazu etwas zu sagen? Frau Abgebrüht. Sie hatte geheiratet. Und es genossen. Sie hatte ein Kind bekommen und betete es an.

Am Nachmittag machten ihre Tante und Raymyna eine Besichtigungsfahrt mit ihnen. Wie sie in den örtlichen Zeitungen gelesen hatte, war all das Wasser, das sie sah – ob Kanal, Fluss oder Meer – rettungslos verdreckt, so dass es ihr schwerfiel, es anzuschauen, geschweige denn bewundernd anzuschauen. Sie konnte es nur voller Mitgefühl anstarren. Auch den Strand fand sie erbärmlich. In ihrem Bemühen, ihn den Armen, den Schwarzen und den Ortsansässigen überhaupt zu entreißen, hatten die Leute, die den Küstenstreifen «erschlossen», massive kastenartige boxlike hotels that blocked the view of the water for all except those rich enough to pay for rooms on the beach side of the hotels. Through the cracks between hotels Rosa saw the mostly elderly sun worshipers walking along what seemed to be a pebbly, eroded beach, stretching out their poor white necks to the sun.

Of course they cruised through Little Havana, which stretched for miles. Rosa looked at the new Cuban immigrants with interest. *Gusanos*, Fidel called them, "worms." She was startled to see that already they seemed as a group to live better and to have more material goods than the black people. Like many Americans who supported the Cuban revolution, she found the Cubans who left Cuba somewhat less noble than the ones who stayed. Clearly the ones who left were the ones with money. Hardly anyone in Cuba could afford the houses, the cars, the clothes, the television sets, and the lawn mowers she saw.

At dinner she tried to explain why and how she had missed her grandfather's funeral. The telegram had come the evening before she left for Cyprus. As she had left her stoop the next morning she had felt herself heading in the wrong direction. But she could not stop herself. It had taken all her meager energy to plan the trip to Cyprus, with a friend who claimed it was beautiful, and she simply could not think to change her plans. Nor could she, still bearing the wounds of her separation from Ivan, face her family.

Barbara and Aunt Lily listened to her patiently. It didn't surprise her that neither knew where Cyprus was, or what its politics and history were. She told them about the man whose son was killed and

Hotels errichtet, die allen den Blick auf das Wasser verwehrten – außer denen, die reich genug waren, ein Hotelzimmer mit Blick aufs Meer zu bezahlen. Durch die Spalten zwischen den Hotels sah Rosa die zumeist älteren Sonnenanbeter, die am offenbar steinigen, verwitterten Strand entlang liefen und ihre armen weißen Hälse zur Sonne hin reckten.

Natürlich fuhren sie durch Little Havanna, das sich meilenweit erstreckte. Rosa sah sich die neuen kubanischen Einwanderer aufmerksam an. *Gusanos* nannte Fidel sie, «Würmer». Sie war bestürzt, als sie sah, dass die meisten offenbar schon besser lebten und mehr Besitz hatten als die Schwarzen. Wie viele Amerikaner, die für die kubanische Revolution waren, fand sie die Kubaner, die Kuba verließen, irgendwie weniger edel als die, die blieben. Offensichtlich waren die, die weggingen, Leute mit Geld. Kaum jemand in Kuba konnte sich die Häuser, die Autos, die Kleider, die Fernsehapparate und die Rasenmäher leisten, wie man sie hier sah.

Beim Abendessen versuchte sie zu erklären, warum und wieso sie das Begräbnis ihres Großvaters versäumt hatte. Das Telegramm war am Abend, bevor sie nach Zypern abreiste, gekommen. Als sie am nächsten Morgen die Veranda hinunterging, hatte sie das Gefühl, in die falsche Richtung zu gehen, aber sie konnte sich nicht zurückhalten. Sie hatte ihre ganze wenige Energie gebraucht, um die Reise nach Zypern zu planen, mit einer Freundin, die behauptete, es sei wunderschön, und sie konnte sich einfach nicht vorstellen, ihre Pläne zu ändern. Auch konnte sie, da sie immer noch an den Wunden der Trennung von Ivan litt, ihrer Familie nicht gegenübertreten.

Barbara und Tante Lily hörten ihr geduldig zu. Es überraschte sie nicht, dass keine der beiden wusste, wo Zypern lag, noch etwas über seine Politik und Geschichte. Sie erzählte ihnen von dem Mann, dessen Sohn getötet wurde, how he seemed to hate his "worthless" daughter for being alive.

"Women are not valued in their culture," she explained. "In fact, the Greeks, the Turks, and the Cypriots have this one thing in common, though they fight over everything else. The father kept saying, 'A man should have many sons.' His wife flinched guiltily when he said it."

"After Ma died, I went and got my father," Aunt Lily was saying. "And I told him, 'No smoking and drinking in my house.'"

But her grandfather had always smoked. He smoked a pipe. Rosa had liked the smell of it.

"And no card playing and no noise and no complaining, because I don't want to hear it."

Others of Rosa's brothers and sisters had come to see him. She had been afraid to. In the pictures she saw, he always looked happy. When he was not dead-tired or drunk, happy was how he'd looked. A deeply silent man, with those odd peaceful eyes. She did not know, and she was confident her aunt didn't, what he really thought about anything. So he had stopped smoking, her aunt thought, but Rosa's brothers had always slipped him tobacco. He had stopped drinking. That was possible. Even before his wife, Rosa's grandmother, had died, he had given up liquor. Or, as he said, it had given him up. So, no noise. Little company. No complaining. But he wasn't the complaining type, was he? He liked best of all, Rosa thought, to be left alone. And he liked baseball. She felt he had liked her too. She hoped he did. But never did he say so. And he was so stingy! In her whole life he'd only given her fifteen cents. On the other hand, he'd und wie er seine «wertlose» Tochter zu hassen schien, weil sie noch lebte.

«In ihrer Kultur zählen Frauen nicht», erklärte sie. «Tatsächlich haben die Griechen, die Türken und die Zyprioten dies eine gemeinsam, obwohl sie sich wegen allem andern bekämpfen. Der Vater sagte immer wieder ‹Ein Mann sollte viele Söhne haben.› Seine Frau zuckte schuldbewusst zusammen, als er es sagte.»

«Als Mutter starb, holte ich meinen Vater», erzählte Tante Lily. «Und ich sagte ihm: ‹In meinem Haus wird weder geraucht noch getrunken.›»

Aber ihr Großvater hatte immer geraucht. Er rauchte Pfeife. Rosa hatte den Geruch gemocht.

«Und es wird nicht Karten gespielt, Lärm gemacht oder gejammert, weil ich es nicht hören will.»

Einige von Rosas Geschwistern hatten ihn besucht. Sie hatte davor Angst gehabt. Auf den Fotos, die sie kannte, sah er immer glücklich aus. Wenn er nicht todmüde oder betrunken war, sah er wirklich glücklich aus. Ein sehr schweigsamer Mann, mit so seltsam friedlichen Augen. Rosa wusste nicht – und ihre Tante auch nicht, dessen war sie sicher –, was er wirklich über dies und das dachte. Er hatte aufgehört zu rauchen – so dachte ihre Tante, aber Rosas Brüder hatten ihm immer Tabak zugesteckt. Er hatte aufgehört zu trinken. Das war möglich. Schon bevor seine Frau, Rosas Großmutter, gestorben war, hatte er den Alkohol aufgegeben. Oder, wie er sagte: der Alkohol hatte ihn aufgegeben. Also: kein Lärm. Wenig Besuch. Kein Jammern. Er war doch keiner, der jammerte, oder? Am liebsten war es ihm, dachte Rosa, wenn man ihn in Ruhe ließ. Und er mochte Baseball. Sie glaubte, dass er auch sie gemocht hatte. Sie hoffte es. Aber er hatte es nie gesagt. Und er war so geizig! In ihrem ganzen Leben hatte er ihr nur fünfzehn Cents gegeben. Andererseits hatte er die Handelsschulausfinanced her sister Barbara's trade-school education, which her father, his son, had refused to do.

Was that what she had held against him on the flight toward the Middle East? There was no excuse, she'd known it all the time. She needed to be back there, to say goodbye to the spiritcase. For wasn't she beginning to understand the appearance of his spiritcase as her own spirit struggled and suffered?

That night, massaging Barbara's thin shoulders before turning in, she looked into her own face reflected in the bureau mirror. She was beginning to have the look her grandfather had when he was very, very tired. The look he got just before something broke in him and he went on a mind-killing drunk. It was there in her eyes. So clearly. The look of abandonment. Of having no support. Of loneliness so severe every minute was a chant against self-destruction.

She massaged Barbara, but she knew her touch was that of a stranger. At what point, she wondered, did you lose connection with the people you loved? And she remembered going to visit Barbara when she was in college and Barbara lived a short bus ride away. And she was present when Barbara's husband beat her and called her names and once he had locked both of them out of the house overnight. And her sister called the police and they seemed nice to Rosa, so recently up from the South, but in fact they were bored and cynical as they listened to Barbara's familiar complaint. Rosa was embarrassed and couldn't believe anything so sordid could be happening to them, so respected was their family in the small town they were from. But, in any event, Barbara continued to live with her husband many more years. Rosa was so hurt and angry she bildung ihrer Schwester Barbara bezahlt, was ihr Vater, sein Sohn, abgelehnt hatte.

War es das, was sie auf dem Flug in den Mittleren Osten gegen ihn geltend gemacht hatte? Es gab keine Ausrede, das wusste sie schon die ganze Zeit. Sie musste noch einmal herkommen, um sich von seiner Seelenwelt zu verabschieden. Begann sie nicht gerade, das Bild seiner Seele zu verstehen, nun da ihre eigene Seele kämpfte und litt?

Als sie am Abend Barbaras magere Schultern massierte, bevor sie zu Bett gingen, sah sie ihr eigenes Gesicht im Spiegel über der Kommode. Sie bekam einen Ausdruck wie ihr Großvater, wenn er sehr, sehr müde war. So war sein Ausdruck, kurz bevor etwas in ihm zerbrach und er ein selbstzerstörerischer Trinker wurde. Dieser Ausdruck war in ihren Augen zu sehen. Ganz deutlich. Der Ausdruck der Verlassenheit. Der Hilflosigkeit. Einer so furchtbaren Einsamkeit, dass jede Minute ein monotoner Gesang gegen die Selbstzerstörung war.

Sie massierte Barbara, wusste aber, dass ihre Berührung die einer Fremden war. Sie überlegte, an welchem Punkt man die Verbindung zu geliebten Menschen verlor. Sie dachte daran, wie sie Barbara besucht hatte, als sie im College war, und Barbara nur ein paar Bushaltestellen entfernt wohnte. Sie war dabei, als Barbaras Mann seine Frau schlug und beschimpfte, und einmal hatte er sie beide über Nacht aus dem Haus ausgesperrt. Ihre Schwester rief die Polizei; Rosa, die erst vor kurzem aus dem Süden gekommen war, fand die Polizisten nett, aber in Wirklichkeit hörten sie Barbaras sattsam bekanntes Klagen gelangweilt und kaltschnäuzig an. Rosa war es peinlich; sie konnte nicht glauben, dass eine von ihnen etwas so Gemeines erfahren musste, so angesehen war ihre Familie in der kleinen Stadt, aus der sie kamen. Aber jedenfalls blieb Barbara noch viele Jahre bei ihrem Mann. Rosa war so verletzt und zornig, dass sie Mordlust verspürte, aber vor allem war sie enttäuscht von wanted to kill, but most of all, she was disappointed in Barbara, who threw herself into the inevitable weekend battles with passionately vulgar language Rosa had never heard any woman, not to mention her gentle sister, use before. Her sister's spirit seemed polluted to her, so much so that the sister she had known as a child seemed gone altogether.

Was disappointment, then, the hardest thing to bear? Or was it the consciousness of being powerless to change things, to help? And certainly she had been very conscious of that. As her brother-in-law punched out her sister, Rosa had almost felt the blows on her body. But she had not flung herself between them wielding a butcher knife, as she had done once when Barbara was being attacked by their father, another raving madman.

Barbara had wanted to go to their brother's grammar-school graduation. Their father had insisted that she go to the funeral of an elderly church mother instead. Barbara had tried to refuse. But *crack*, he had slapped her across the face. She was sixteen, plump, and lovely. Rosa adored her. She ran immediately to get the knife, but she was so small no one seemed to notice her, wedging herself between them. But had she been larger and stronger she might have killed him, for even as a child she was serious in all she did – and then what would her life, the life of a murderer, have been like?

Thinking of that day now, she wept. At her love, at her sister's anguish.

Barbara had been forced to go to the funeral, the print of her father's fingers hidden by powder and rouge. Rosa had been little and weak, and she did not understand what was going on anyway between her father and her sister. To her, her father acted

Barbara, die sich in die unvermeidlichen Wochenendstreitereien stürzte und dabei eine heftige, gewöhnliche Sprache gebrauchte, die Rosa noch von keiner Frau, geschweige denn von ihrer sanften Schwester gehört hatte. Die Seele ihrer Schwester kam ihr so besudelt vor, dass es die Schwester, die sie als Kind gekannt hatte, gar nicht mehr zu geben schien.

War denn Enttäuschung das Schlimmste, was man ertragen musste? Oder war es das Bewusstsein der Ohnmacht, nichts ändern, nicht helfen zu können? Und dessen war sie sich zweifellos sehr bewusst gewesen. Als ihr Schwager ihre Schwester verprügelte, hatte sie die Schläge fast körperlich gespürt. Aber sie hatte sich nicht mit einem Fleischermesser dazwischen geworfen, wie sie es einmal getan hatte, als Barbara von ihrem Vater angegriffen wurde, der ein ebensolcher Wahnsinniger war.

Barbara hatte zur Schulabschlussfeier ihres Bruders gehen wollen. Ihr Vater hatte darauf bestanden, dass sie statt dessen zur Beerdigung einer ältlichen Kirchendame ging. Barbara hatte versucht, sich zu weigern. Aber – klatsch – hatte er sie ins Gesicht geschlagen. Sie war sechzehn, rundlich und hübsch. Rosa betete sie an. Sie rannte sofort los und holte das Messer, aber sie war so klein, dass keiner zu merken schien, wie sie sich zwischen sie zwängte. Wenn sie größer und stärker gewesen wäre, hätte sie ihn vielleicht getötet, denn schon als Kind machte sie alles sehr gründlich – und wie wäre dann ihr Leben verlaufen, das Leben einer Mörderin?

Als sie nun an jenen Tag dachte, weinte sie. Über ihre Liebe, über die Qual ihrer Schwester.

Barbara wurde gezwungen, zur Beerdigung zu gehen, die Spuren von den Fingern ihres Vaters wurden unter Puder und Rouge versteckt. Rosa war klein und schwach gewesen, und sie verstand sowieso nicht, was zwischen ihrem Vater und ihrer Schwester vor sich ging. Sie fand, ihr Vater belike he was jealous. And in college later, after such a long struggle to get there, how could she stab her brother-in-law to death without killing her future, herself ? And so she had lain on her narrow fold-away cot in the tiny kitchen in the stuffy apartment over the Laundromat and had listened to the cries and whispers, the pummelings, the screams and pleas. And then, still awake, she listened to the sibilant sounds of "making up," harder to bear and to understand than the fights.

She had not killed for her sister. (And one would have had to kill the mindless drunken brutalizing husband; a blow to the head might only have made him more angry.) Her guilt had soon clouded over the love, and around Barbara she retreated into a silence that she now realized was very like her grandfather's. The sign in him of disappointment hinged to powerlessness. A thoughtful black man in the racist early-twentieth-century South, he probably could have told her a thing or two about the squeaking of the hinge. But had he? No. He'd only complained about his wife, and so convincingly that for a time Rosa, like everyone else in the family, lost respect for her grandmother. It seemed her problem was that she was not mentally quick; and because she stayed with him even as he said this, Rosa and her relatives were quick to agree. Yet there was nowhere else she could have gone. Perhaps her grandfather had found the house in which they lived, but she, her grandmother, had made it a home. Once the grandmother died, the house seemed empty, though he remained behind until Aunt Lily had moved him into her house in Miami.

The day before Rosa and Barbara were to fly

nahm sich, als wäre er eifersüchtig. Und später an der Universität, nachdem sie so lange gekämpft hatte, um hinzukommen, wie konnte sie da ihren Schwager erstechen, ohne ihre Zukunft und sich selbst zu vernichten? Und so hatte sie auf ihrer schmalen, zusammenklappbaren Liege in der winzigen Küche der dumpfen Wohnung über dem Waschsalon gelegen und das Weinen und das Geflüster gehört, die Schläge, die Schreie, die Entschuldigungen. Und, immer noch wach, hörte sie die zischenden Laute des «Versöhnens», die noch schwerer zu ertragen und zu verstehen waren als die Streitereien.

Sie hatte nicht für ihre Schwester getötet. (Und man hätte den hirnlosen, betrunkenen, brutalen Ehemann töten müssen; ein Schlag auf den Kopf hätte ihn vielleicht nur noch zorniger gemacht.) Ihre Schuld hatte bald Schatten auf die Liebe geworfen, und im Umgang mit Barbara zog sie sich in ein Schweigen zurück, von dem sie nun erkannte, dass es dem ihres Großvaters sehr ähnlich war. Seine Enttäuschung kam von der Ohnmacht. Als nachdenklicher schwarzer Mann im rassistischen Süden der frühen zwanziger Jahre hätte er ihr wahrscheinlich das eine oder andere über diese Zusammenhänge erzählen können. Aber hatte er es getan? Nein. Er hatte sich nur über seine Frau beklagt, und zwar so überzeugend, dass Rosa eine Zeitlang, wie jeder in der Familie, die Achtung vor ihrer Großmutter verloren hatte, deren Schwierigkeit darin zu liegen schien, dass sie geistig nicht sehr rege war; und weil sie sogar bei ihm blieb, als er das sagte, stimmten Rosa und ihre Verwandten rasch zu. Allerdings konnte sie nirgendwo anders hingehen. Wohl hatte ihr Großvater das Haus gefunden, in dem sie wohnten, aber sie, ihre Großmutter, hatte es zu einem Zuhause gemacht. Als sie starb, schien das Haus leer, obwohl er darin zurückblieb, bis Tante Lily ihn nach Miami in ihr Haus holte.

Am Tag bevor Rosa und Barbara zurück in den Norden

back north, Aunt Lily was handing out the remaining odds and ends of their grandfather's things. Barbara got the trunk, that magic repository of tobacco and candy when they were children. Rosa received a small shaving mirror with a gilt lion on its back. There were several of the large, white "twenty-five-cent hanskers" her grandfather had used. The granddaughters received half a dozen each. That left only her grandfather's hats. One brown and one gray: old, worn, none-too-clean fedoras. Rosa knew Barbara was far too fastidious to want them. She placed one on her head. She loved how she looked – she looked like him – in it.

It was killing her, how much she loved him. And he'd been so mean to her grandmother, and so stingy too. Once he had locked her grandmother out of the house because she had bought herself a penny stick of candy from the grocery money. But this was a story her parents told her, from a time before Rosa was born.

By the time she knew him he was mostly beautiful. Peaceful, mystical almost, in his silences and calm, and she realized he was imprinted on her heart just that way. It really did not seem fair.

To check her tears, she turned to Aunt Lily.

"Tell me what my father was like as a boy," she said.

Her aunt looked at her, she felt, with hatred.

"You should have asked him when he was alive."

Rosa looked about for Barbara, who had disappeared into the bathroom. By now she was weeping openly. Her aunt looking at her impassively.

"I don't want to find myself in anything you write. And you can just leave your daddy alone, too."

fliegen sollten, verteilte Tante Lily die übrig gebliebenen Sachen ihres Großvaters. Barbara bekam die Kiste, die zu ihrer Kinderzeit der zauberhafte Aufbewahrungsort für Tabak und Bonbons gewesen war. Rosa erhielt einen kleinen Rasierspiegel mit einem vergoldeten Löwen auf der Rückseite. Es gab mehrere von den großen weißen «fünfundzwanzig-Cent-Taschentüchern», die ihr Großvater benutzt hatte. Jede der Enkelinnen bekam ein halbes Dutzend. Dann waren nur noch die Hüte ihres Großvaters übrig. Ein brauner und ein grauer: alte, abgetragene, nicht sehr saubere Filzhüte. Rosa wusste, dass Barbara viel zu anspruchsvoll war, um sie zu wollen. Sie setzte einen auf. Es gefiel ihr, wie sie aussah – sie sah damit aus wie er.

Es brachte sie fast um, wie sehr sie ihn liebte. Dabei war er so gemein zu ihrer Großmutter gewesen, und auch so geizig. Einmal hatte er die Großmutter ausgesperrt, weil sie sich vom Haushaltsgeld einen Lutscher für einen Penny gekauft hatte. Aber das war eine Geschichte, die ihre Eltern ihr aus der Zeit erzählten, bevor Rosa geboren war.

Als sie ihn kannte, war er meistens ein eindrucksvoller Mann. Friedlich, fast rätselhaft in seinem Schweigen und gelassen. Sie merkte, dass er so und nicht anders in ihrem Herzen eingeprägt war. Es schien wirklich nicht gerecht.

Um nicht zu weinen, wandte sie sich Tante Lily.

«Erzähl mir doch, wie mein Vater als kleiner Junge war», sagte sie.

Ihre Tante sah sie, wie sie merkte, hasserfüllt an.

«Du hättest ihn fragen sollen, als er noch lebte.»

Rosa schaute sich nach Barbara um, die im Bad verschwunden war. Jetzt weinte sie, ohne es zu verbergen. Ihre Tante sah sie ohne Mitleid an.

«Ich möchte mich in nichts von dem, was du schreibst, wiedererkennen. Und du kannst auch bitte deinen Vater in Ruhe lassen.»

She could not remember whether she'd ever asked her father about his life. But surely she had, since she knew quite a lot. She turned and walked into the bathroom, forgetful that she was thirty-five, her sister forty-one, and that you can only walk in on your sister in the toilet if you are both children. But it didn't matter. Barbara had always been accessible, always protective. Rosa remembered one afternoon when she was five or six, she and Barbara and a cousin of theirs about Barbara's age set out on an errand. They were walking silently down the dusty road when a large car driven by a white man nearly ran them down. His car sent up billows of dust from the dirt road that stung their eyes and stained their clothes. Instinctively Rosa had picked up a fistful of sand from the road and thrown it after him. He stopped the car, backed it up furiously, and slammed on the brakes, getting out next to them, three black, barefoot girls who looked at him as only they could. Was he a human being? Or a devil? At any rate, he had seen Rosa throw the sand, he said, and he wanted the older girls to warn her against doing such things, "for the little nigger's own good."

Rosa would have admitted throwing the sand. After all, the man had seen her.

But "she didn't throw no sand," said Barbara, quietly, striking a heavy, womanish pose with both hands on her hips.

"She did so," said the man, his face red from heat and anger.

"She didn't," said Barbara.

The cousin simply stared at the man. After all, what was a small handful of sand compared to the billows of sand with which he'd covered them?

Sie konnte sich nicht erinnern, ob sie ihren Vater jemals nach seinem Leben gefragt hatte. Bestimmt hatte sie das, weil sie ziemlich viel wusste. Sie drehte sich um und ging ins Bad, vergessend, dass sie fünfunddreißig war, ihre Schwester einundvierzig, und dass man nur als Kind, wenn die Schwester in der Toilette ist, hineingehen darf. Aber es machte nichts. Barbara war immer zugänglich gewesen, immer war sie die Beschützende. Rosa erinnerte sich an einen Nachmittag, als sie fünf oder sechs war, und sie, Barbara und eine Cousine in Barbaras Alter, eine Besorgung machen mussten. Sie liefen schweigend die staubige Straße entlang, als ein großes Auto, gesteuert von einem weißen Mann, sie beinahe überfuhr. Das Auto wirbelte Wolken vom Staub der unsauberen Straße auf, der in ihren Augen brannte und ihre Kleider beschmutzte. Unwillkürlich hatte Rosa eine Handvoll Sand von der Straße aufgenommen und ihm nachgeworfen. Er hielt, fuhr wütend rückwärts, trat abrupt auf die Bremse und stieg neben ihnen aus, den drei schwarzen barfüßigen Mädchen, die ihn anschauten, wie nur sie es konnten. War er ein Mensch? Oder ein Teufel? Jedenfalls sagte er, er habe Rosa den Sand werfen sehen, und wollte, dass die älteren Mädchen sie davor warnten, so etwas zu tun, «zum Besten des kleinen Niggermädchens».

Rosa hätte zugegeben, dass sie den Sand geworfen hatte. Schließlich hatte der Mann sie ja gesehen.

Aber «sie hat keinen Sand geworfen», sagte Barbara ruhig und nahm eine entschlossene, frauliche Haltung ein mit beiden Händen in den Hüften.

«Doch, hat sie», sagte der Mann mit rotem Gesicht vor Hitze und Wut.

«Nein», sagte Barbara.

Die Cousine starrte den Mann nur an. Was war denn die kleine Handvoll Sand verglichen mit den Sandwolken, mit denen er sie zugedeckt hatte?

Cursing, the man stomped into his car, and drove off.

For a long time it had seemed to Rosa that only black people were always in danger. But there was also the sense that her big sister would know how to help them out of it.

But now, as her sister sat on the commode, Rosa saw a look on her face that she had never seen before, and she realized her sister had heard what Aunt Lily said. It was a look that said she'd got the reply she deserved. For wasn't she always snooping about the family's business and turning things about in her writing in ways that made the family shudder? There was no talking to her as you talked to regular people. The minute you opened your mouth a meter went on. Rosa could read all this on her sister's face. She didn't need to speak. And it was a lonely feeling that she had. For Barbara was right. Aunt Lily, too. And she could no more stop the meter running than she could stop her breath. An odd look across the room fifteen years ago still held the power to make her wonder about it, try to "decipher" or at least understand it. This was her curse: never to be able to forget, truly, but only to appear to forget. And then to record what she could not forget.

Suddenly, in her loneliness, she laughed.

"He was a recorder with his eyes," she said, under her breath. For it seemed to her she'd penetrated her grandfather's serenity, his frequent silences. The meter had ticked in him, too; he, too, was all attentiveness. But for him that had had to be enough. She'd rarely seen him with a pencil in his hand; she thought he'd only had one or two years of school. She imagined him "writing" stories dur-

Der Mann warf sich fluchend in sein Auto und fuhr weg.

Lange Zeit war es Rosa vorgekommen, als seien nur die Schwarzen ständig in Gefahr. Aber sie hatte auch das Gefühl, dass ihre große Schwester wisse, wie man ihnen daraus heraushelfen könne.

Aber jetzt, als ihre Schwester auf der Kommode saß, sah Rosa einen Ausdruck in ihrem Gesicht, den sie noch nie gesehen hatte, und es wurde ihr klar, dass Barbara Tante Lilys Worte gehört hatte. Es war ein Ausdruck, der besagte, dass sie die Antwort bekommen hatte, die sie verdiente. Denn schnüffelte sie nicht immer in den Familienangelegenheiten herum und verdrehte die Dinge in dem, was sie schrieb, auf eine Weise, die die Familie schaudern ließ? Es gab kein Gespräch mit ihr wie mit normalen Leuten. Sobald man den Mund aufmachte, fing ein Registrierwerk an zu laufen. Das alles konnte Rosa im Gesicht ihrer Schwester lesen. Sie brauchte nichts zu sagen. Ein Gefühl der Einsamkeit überkam sie. Denn Barbara hatte recht. Tante Lily auch. Und sie konnte das Registrierwerk genau so wenig abstellen wie ihren Atem. Ein schiefer Blick quer durch den Raum von fünfzehn Jahren ließ sie immer noch über ihn nachdenken und versuchen, ihn zu «deuten» oder wenigstens zu verstehen. Das war ihr Fluch: nie wirklich, sondern nur scheinbar vergessen zu können. Und dann aufzuzeichnen, was sie nicht vergessen konnte.

In ihrer Einsamkeit lachte sie plötzlich.

«Er zeichnete mit den Augen auf», sagte sie flüsternd. Es schien ihr, als habe sie die heitere Ruhe ihres Großvaters ergründet, sein vieles Schweigen. Das Registrierwerk war auch in ihm gelaufen; auch er war voller Aufmerksamkeit. Aber ihm hatte das genügen müssen. Sie hatte ihn selten mit dem Bleistift in der Hand gesehen. Sie glaubte, er habe nur ein oder zwei Jahre die Schule besucht. Sie stellte ihn sich vor, wie er während seines vielen Schweigens Geschiching his long silences merely by thinking them, not embarrassing other people with them, as she did.

She had been obsessed by this old man whom she so definitely resembled. And now, perhaps, she knew why.

We were kindred spirits, she thought, as she sat, one old dusty fedora on her head, the other in her lap, on the plane home. But in a lot of ways, before I knew him, he was a jerk.

She thought of Ivan. For it was something both of them had said often about their relationship: that though he was white and she was black, they were in fact kindred spirits. And she had thought so, until the divorce, after which his spirit became as unfathomable to her as her grandfather's would have been before she knew him. But perhaps Ivan, too, was simply acting like a jerk?

She felt, as she munched the dry crackers and cheese the pert stewardess brought, in the very wreckage of her life. She had not really looked at Barbara since that moment in the toilet, when it became clear to her how her sister really perceived her. She knew she would not see Aunt Lily again and that if Aunt Lily died before she herself did, she wouldn't go to her funeral. Nor would she ever, ever write about her. She took a huge swallow of ginger ale and tried to drown out the incessant ticking of the meter.

She stroked the soft felt of her grandfather's hat, thought of how peculiarly the human brain grows, from an almost invisible seed, and how, in this respect, it was rather similar to understanding, a process it engendered. She looked into her grandfather's shaving mirror and her eyes told her she could bear very little more. She felt herself ten « schrieb », indem er sie einfach dachte und nicht andere Leute mit ihnen in Verlegenheit brachte, wie sie es tat.

Sie war von diesem alten Mann besessen gewesen, dem sie so eindeutig ähnelte. Und nun wusste sie vielleicht, warum.

Wir waren verwandte Seelen, dachte sie, als sie im Flugzeug nach Hause saß, den einen alten, verstaubten Filzhut auf dem Kopf, den andern auf dem Schoß. Aber bevor ich ihn kapierte, war er in vieler Hinsicht ein Narr.

Sie dachte an Ivan. Denn das war etwas, das beide oft über ihre Beziehung gesagt hatten, nämlich: dass sie, obwohl er weiß war und sie schwarz, in Wirklichkeit verwandte Seelen waren. Sie hatte es geglaubt bis zur Scheidung, nach der seine Seele für sie so unergründbar wurde, wie die ihres Großvaters gewesen wäre, bevor sie ihn kapierte. Aber vielleicht tat auch Ivan nur so, als ob er ein Narr wäre?

Während sie die trockenen Cracker mit Käse kaute, die die schicke Stewardess brachte, meinte sie auf den Trümmern ihres Lebens zu sitzen. Sie hatte Barbara seit dem Augenblick in der Toilette nicht mehr richtig angesehen, als ihr klar geworden war, was ihre Schwester wirklich von ihr hielt. Sie wusste, dass sie Tante Lily nicht mehr sehen würde, und dass sie, wenn Tante Lily vor ihr starb, nicht zu ihrer Beerdigung gehen würde. Und sie würde niemals über sie schreiben. Sie nahm einen großen Schluck Ginger Ale und versuchte, das unaufhörliche Ticken des Registrierwerks abzustellen.

Sie streichelte den weichen Filzhut ihres Großvaters und dachte daran, wie seltsam sich das Gehirn des Menschen entwickelt, aus einem fast unsichtbaren Samen, und wie es insofern dem *Verstehen* ähnelt, das es aus sich hervorbringt. Sie schaute in den Rasierspiegel ihres Großvaters, und ihre Augen sagten ihr, dass sie nun nur mehr sehr wenig ertragen könnte. Sie spürte, wie sie langsam in das begin to slide into the long silence in which such thoughts would be her sole companions. Maybe she would even find happiness there.

But then, just when she was almost gone, Barbara put on their grandfather's other hat and reached for her hand.

lange Schweigen glitt, in dem solche Gedanken die einzigen Begleiter sein würden. Vielleicht würde sie dort sogar das Glück finden.

Aber dann, als sie schon fast verloren war, setzte Barbara den anderen Hut ihres Großvaters auf und griff nach ihrer Hand.

The yard boy was a spiritual materialist. He lived in the Now. He was free from the karmic chain. Being enlightened wasn't easy. It was very hard work. It was manual labor actually.

The enlightened being is free. He feels the sorrows and sadness of those around him but does not necessarily feel his own. The yard boy felt that he had been enlightened for about two months, at the most.

The yard boy had two possessions. One was a pickup truck. The other was a plover he had stuffed and mounted when he thought he wanted to be an ornithologist, in the days before he had become a spiritual materialist. The bird was in the room he rented. The only other thing in the room was a bed. The landlady provided sheets and towels. Sometimes when he came back from work hot and sweaty with little bits of leaves and stuff caught in his hair, the landlady would give him a piece of key lime pie on a blue plate.

The yard boy was content. He had hard muscular arms and a tanned back. He had compassion. He had a girl friend. When he thought about it, he supposed that having a girl friend was a cop-out to the security which he had eschewed. This was a preconception however and a preconception was the worst form of all the forms of security. The yard boy believed he was in balance on this point. He tried to see things the way they were from the midst of nowhere, and he felt that he had worked out this difficulty about the girl friend satisfactorily. The important thing was to be able to see through the veils of preconception.

Joy Williams: Der Gärtnerjunge

Der Gärtnerjunge war spiritueller Materialist. Er lebte im Jetzt. Er war losgelöst von der Kette des Karma. Erleuchtet zu sein war nicht leicht. Es war sehr schwere Arbeit. Genau genommen war es körperliche Arbeit.

Der erleuchtete Mensch ist frei. Er spürt die Traurigkeit und die Sorgen seiner Mitmenschen, aber er spürt nicht notwendigerweise seine eigenen. Der Gärtnerjunge hatte das Gefühl, er sei seit etwa zwei Monaten erleuchtet, höchstens.

Der Gärtnerjunge besaß zwei Dinge. Das eine war ein offener Lieferwagen. Das andere war ein Kiebitz, den er ausgestopft hatte, als er glaubte, Ornithologe werden zu wollen. Das war, bevor er spiritueller Materialist wurde. Der Vogel stand in dem Zimmer, das er gemietet hatte. Der einzige andere Gegenstand im Raum war ein Bett. Die Vermieterin versorgte ihn mit Bettwäsche und Handtüchern. Manchmal, wenn er durchgeschwitzt von der Arbeit kam und kleine Blätter und Äste sich in seinem Haar verfangen hatten, gab ihm die Vermieterin ein Stück Key-Limonen-Torte auf einem blauen Teller.

Der Gärtnerjunge war zufrieden. Er hatte starke muskulöse Arme und einen sonnengebräunten Rücken. Er hatte Mitgefühl. Er hatte eine Freundin. Wenn er darüber nachdachte, bedeutete eine feste Freundin wahrscheinlich einen Rückfall in die Sicherheit, der er entsagt hatte. Andererseits war dies ein Vorurteil, und Vorurteile waren die schlimmste Form der Sicherheit. Der Gärtnerjunge glaubte, in diesem Punkt mit sich selbst im Reinen zu sein. Er versuchte, alles so zu sehen, wie es war, von der Mitte des Nichts aus, und er fand, er habe das Problem mit der Freundin zufriedenstellend gelöst. Worauf es ankam, war: durch den Schleier des Vorurteils hindurch sehen zu können.

The yard boy was a handsome fellow. He seldom spoke. He was appealing. Once he had run over an old lady and had broken her leg, but no one had gotten mad at him about it. Now that he was a yard boy his hands smelled of 6-6-6. His jeans smelled of tangelos. He was honest and truthful, a straightforward person who did not distinguish between this and that. For the girl friend he always had a terrific silky business which was always at the ready.

The yard boy worked for several very wealthy people. In the morning of every day he got into his pickup and drove over the causeways to the Keys where he mowed and clipped and cut and hauled. He talked to the plants. He always told them what he was going to do before he did it so that they would have a chance to prepare themselves. Plants have lived in the Now for a long time but they still have to have some things explained to them.

At the Wilsons's house the yard boy clips a sucker from an orange tree. It is February. Even so, the orange tree doesn't like it much. Mrs Wilson comes out and watches the yard boy while he works. She has her son with her. He is about three. He doesn't talk yet. His name is Tao. Mrs Wilson is wealthy and can afford to be wacky. What was she supposed to do after all, she asked the yard boy once, call her kid George? Fred? For Godssakes.

Her obstetrician had told her at the time that he had never seen a more perfectly shaped head.

The Wilsons' surroundings are splendid. Mrs Wilson has splendid clothes, a splendid figure. She has a wonderful Cuban cook. The house is worth three quarters of a million dollars. The plantings are worth a hundred thousand dollars. Everything

Der Gärtnerjunge war ein gutaussehender Bursche. Er war wortkarg. Er hatte ein einnehmendes Wesen. Einmal hatte er eine alte Dame angefahren. Sie hatte sich dabei ein Bein gebrochen. Aber niemand war deswegen wütend auf ihn gewesen. Da er jetzt Gärtnerjunge war, rochen seine Hände nach DDT. Seine Jeans rochen nach Tangelos. Er war ehrlich und vertrauenswürdig, ein unkomplizierter Mensch, der sich das Leben nicht unnötig schwer machte. Seine Freundin erfreute er stets mit einem prächtigen samtenen Teil, das allzeit bereit war.

Der Gärtnerjunge arbeitete für mehrere sehr wohlhabende Leute. Jeden Morgen stieg er in seinen Lieferwagen und fuhr über den damit auf die Florida Keys hinaus, wo er mähte und stutzte und schnitt und grub. Er redete mit den Pflanzen. Er sagte ihnen immer, was er tun werde, bevor er es tat, damit sie die Möglichkeit hatten, sich darauf einzustellen. Pflanzen leben schon seit langem im Jetzt, aber einiges muss ihnen immer noch erklärt werden.

Bei Wilsons schneidet der Gärtnerjunge einen Schössling von einem Orangenbaum ab. Es ist Februar. Dennoch mag der Orangenbaum es nicht besonders. Frau Wilson kommt heraus und beobachtet den Gärtnerjungen beim Arbeiten. Ihr Sohn ist bei ihr. Er ist etwa drei Jahre alt. Er kann noch nicht sprechen. Sein Name ist Tao. Frau Wilson ist wohlhabend und kann es sich leisten, exzentrisch zu sein. Wie hätte sie ihren Sohn denn nennen sollen, fragte sie einmal den Gärtnerjungen. George? Fred? Um Himmels Willen.

Ihr Geburtshelfer habe ihr damals gesagt, er habe noch nie einen so perfekt geformten Kopf gesehen.

Bei den Wilsons ist alles exquisit. Frau Wilson ist exquisit gekleidet und hat eine exquisite Figur. Sie hat einen hervorragenden kubanischen Koch. Das Haus ist dreiviertel Millionen Dollar wert. Die Pflanzen im Garten sind hunderttausend Dollar wert. Alles hat seinen Preis. Es ist herr-has a price. It is fantastic. A precise worth has been ascribed to everything. Every worm and aphid can be counted upon. It costs a certain amount of money to eradicate them. The sod is laid down fresh every year. For weeks after the lawn is installed, the seams are visible and then the squares of grass gather together and it becomes, everywhere, in sun or shade, a smooth, witty and improbable green like the color of a parrot.

Mrs Wilson follows the yard boy around as he tends to the hibiscus, the bougainvillea, the poinciana, the horse cassia, the Java flower, the flame vine. They stand beneath the mango, looking up.

"Isn't it pagan," Mrs Wilson says.

Close the mouth, shut the doors, untie the tangles, soften the light, the yard boy thinks.

Mrs Wilson says, "It's a waste this place, don't you think? I've never understood nature, all this effort. All this will..." She flaps her slender arms at the reeking of odors, the rioting colors. Still, she looks up at the mangoes, hanging. Uuuuuh, she thinks.

Tao is standing between the yard boy and Mrs Wilson with an oleander flower in his mouth. It is pink. Tao's hair is golden. His eyes are blue.

The yard boy removes the flower from the little boy's mouth. "Toxic," the yard boy says.

"What is it!" Mrs Wilson cries.

"Oleander," the yard boy says.

"Cut it down, dig it out, get rid of it," Mrs Wilson cries. "My precious child!" She imagines Tao being kidnapped, held for an astronomical ransom by men with acne.

Mrs Wilson goes into the house and makes herself a drink. The yard boy walks over to the oleanlich. Allem ist ein genauer Wert zugeordnet. Jeder Wurm, jede Blattlaus kann genau berechnet werden. Es kostet einen bestimmten Betrag, sie zu vernichten. Die Grassoden werden jedes Jahr neu verlegt. Noch Wochen, nachdem der Rasen hergerichtet wurde, sind die Ränder zu sehen, dann wächst die Grasfläche zusammen, und überall, in der Sonne oder im Schatten, entsteht ein gleichmäßiges, unglaubliches Quietschgrün, wie die Farbe eines Papageis.

Frau Wilson begleitet den Gärtnerjungen, der sich nacheinander um den Hibiskus, die Bougainvillea, den Flamboyant, die Kassie, die Java-Blume und den Feuerwein kümmert. Sie stehen unter dem Mango-Baum und schauen hinauf.

« Ist er nicht exotisch », sagt Frau Wilson.

Den Mund halten, die Tür schließen, die Verstrickungen lösen, das Licht dämpfen, denkt der Gärtnerjunge.

Frau Wilson sagt: « Das hier ist die reinste Verschwendung, findest du nicht auch? Ich habe die Natur nie verstanden, all diese Anstrengung, all diese Willenskraft… » Sie fuchtelt mit ihren schlanken Armen gegen die starken Düfte und grellen Farben. Immer noch schaut sie hinauf zu den Mangos, die am Baum hängen. Uuuuuh, denkt sie.

Tao steht zwischen dem Gärtnerjungen und Frau Wilson. Er hat eine Oleander-Blüte im Mund. Sie ist rosa. Taos Haar ist goldblond. Seine Augen sind blau.

Der Gärtnerjunge nimmt den kleinen Jungen die Blüte aus dem Mund. « Giftig », sagt der Gärtnerjunge.

« Was ist das? » schreit Frau Wilson.

« Oleander », sagt der Gärtnerjunge.

« Abschneiden, ausgraben, wegschmeißen », schreit Frau Wilson. « Mein Schatz! » Sie stellt sich vor, dass Tao von pickligen Männern entführt wird, die ein immenses Lösegeld fordern.

Frau Wilson geht ins Haus und gießt sich einen Drink ein. Der Gärtnerjunge geht zum Oleander hinüber. Der Oleder. The oleander shakes a little in the breeze. The yard boy stands in front of it for a few minutes, his clippers by his side.

Mrs Wilson watches him from the house. She swallows her drink and rubs the glass over her hot nipples. The ice clinks. The yard boy raises the clippers and spreads them wide. The bolt connecting the two shears breaks. The yard boy walks over to the house, over to where Mrs Wilson stands behind glass doors. The house weighs a ton with the glass. The house's architect was the South's most important architect, Mrs Wilson once told the yard boy. Everything he made was designed to give a sense of freedom and space. Everything was designed to give the occupants the impression of being outside. His object was to break down definitions, the consciousness of boundaries. Mrs Wilson told the yard boy the architect was an asshole.

Behind the glass, Mrs Wilson understands the difficulty. Behind Mrs Wilson's teeth is a tongue that tastes of bourbon.

"I'll drive you downtown and we can get a new whatever" she says. She is determined.

She and he and Tao get into Mrs Wilson's Mercedes 350 SL. Mrs Wilson is a splendid driver. She has taken the Mercedes up to 130, she tells the yard boy. It is 130 that the engine is capable of, nothing more. The engine stroked beautifully at 130, no sound of strain at all.

She drives past the beaches, over the causeways. She darts in and out of traffic with a fine sense of timing. Behind them, occasionally, old men in Gremlins jump the curb in fright. Mrs Wilson glances at them in the rear-view mirror seeming ander bewegt sich ein wenig im Wind. Der Gärtnerjunge steht ein paar Minuten davor, in der Hand seine Heckenschere.

Frau Wilson beobachtet ihn vom Haus aus. Sie stürzt ihren Drink hinunter und reibt das Glas an ihren harten Brustwarzen. Das Eis klirrt. Der Gärtnerjunge hebt die Heckenschere hoch und spreizt sie weit. Der Bolzen, der die beiden Schneiden verbindet, bricht entzwei. Der Gärtnerjunge geht hinüber zum Haus, hinüber zu Frau Wilson, die hinter einer Glastür steht. Das Haus wiegt Tonnen, mit all dem Glas. Der Architekt des Hauses sei der bedeutendste Architekt der Südstaaten, hat Frau Wilson dem Gärtnerjungen einmal erzählt. Alles, was er baue, solle ein Gefühl von Freiheit und Weite erzeugen. Den Bewohnern solle der Eindruck vermittelt werden, sich im Freien zu befinden. Seine Absicht sei es, mit herkömmlichen Grundsätzen zu brechen und das Gefühl von Begrenztheit zu vermeiden. Frau Wilson erklärte dem Gärtnerjungen, der Architekt sei ein Arschloch.

Hinter der Glasscheibe versteht Frau Wilson, worin das Problem besteht. Hinter Frau Wilsons Zähnen ist eine Zunge, die nach Bourbon schmeckt.

«Ich fahre dich in die Stadt und wir holen eine neue wiehieß-sie-doch-gleich», sagt Frau Wilson. Sie ist fest entschlossen.

Sie und er und Tao steigen in Frau Wilsons Mercedes 350 SL: Frau Wilson ist eine exquisite Fahrerin. Sie ist mit dem Mercedes schon 210 gefahren. 210 macht der Wagen, mehr nicht. Der Motor schnurrte herrlich bei 210, überhaupt kein Anzeichen von Überanstrengung.

Sie fährt an den Stränden entlang, über die Dämme zwischen den Keys. Sie wechselt souverän die Fahrspuren. Hinter ihnen treibt es gelegentlich alte Männer in Ford Gremlins vor Angst an den Straßenrand. Frau Wilson beobachtet sie im Rückspiegel. Sie scheint weder zufrieden neither satisfied nor dissatisfied. She puts her hand on the yard boy's knee. She rubs his leg.

Tao scrambles from the back into the front seat. He gets on the other side of the yard boy. He bites him.

I am living in a spiritual junkyard, thinks the yard boy. I must make it into a simple room with one beautiful object.

Sweat runs down the yard boy's spine. Tao is gobbling at his arm as though it is junket.

"What is going on!" yells Mrs Wilson. She turns the Mercedes around in the middle of the highway. A Good Humor truck scatters a tinkle of music and a carton of Fudgesicles as it grinds to a stop. Mrs Wilson is cuffing Tao as she speeds back home. She is embarrassed at his rudeness. Her shaven armpit rises and falls before the yard boy's eyes.

"Save the oleander!" she yells at both of them. "What do I care!"

In the driveway she runs around to Tao's side of the car and pinches the child's nose. He opens his mouth. She grabs him by the hair and carries him suspended into the house.

The yard boy walks to his truck, gets in and drives off. The world is neither nest nor playground, the yard boy thinks.

The yard boy lies in his room thinking about his girl friend.

Open up, give in, allow some space, sprinkle and pour, he thinks.

Outside, the garbage men are picking up the trash. They whistle and bang the cans about. The trash from the house where the yard boy lives noch unzufrieden zu sein. Sie legt ihre Hand auf das Knie des Gärtnerjungen. Sie streicht über sein Bein.

Tao klettert vom Rücksitz nach vorn. Er setzt sich rechts neben den Gärtnerjungen. Er beißt ihn.

Ich lebe auf einem spirituellen Schuttabladeplatz, denkt der Gärtnerjunge. Ich muss daraus unbedingt ein schlichtes Zimmer machen mit einem einzigen schönen Gegenstand darin.

Schweiß rinnt dem Gärtnerjungen den Rücken hinab. Tao nuckelt an seinem Arm, als ob es Pudding wäre.

«Was ist denn da los?» brüllt Frau Wilson. Sie wendet den Mercedes mitten auf dem Highway. Ein Eiswagen lässt ein musikalisches Klirren erklingen und verliert eine Kiste Schokolade-Eis, bevor er quietschend zum Stehen kommt. Frau Wilson langt Tao ein paar, während sie nach Hause rast. Es ist ihr peinlich, dass er so ungezogen ist. Ihre rasierte Achselhöhle bewegt sich vor den Augen des Gärtnerjungen auf und nieder.

«Lasst den Oleander stehen!» ruft sie den beiden zu. «Was kümmert's mich!»

In der Einfahrt ihres Hauses rennt sie um den Wagen herum auf die Seite, wo Tao ist, und kneift ihren Sohn in die Nase. Er macht den Mund auf. Sie zerrt ihn an den Haaren ins Haus.

Der Gärtnerjunge geht zu seinem Wagen, steigt ein und fährt weg. Die Welt ist weder Nest noch Spielplatz, denkt der Gärtnerjunge.

Der Gärtnerjunge liegt in seinem Zimmer und denkt über seine Freundin nach.

Sich öffnen, hingeben, Raum gewähren, sprengen und begießen, denkt er.

Draußen wird der Müll abgeholt. Die Müllmänner pfeifen vor sich hin und klappern mit den Tonnen. Der Müll des Hauses, in dem der Gärtnerjunge lebt, enthält den Auscontains the discards of the righteous. Tea bags, lime rinds, Charmin tubes, wilted flowers. The garbage men whoop to the truck that carries them off as though it were a horse. Sometimes the yard boy has bad dreams in this room. Sometimes he dreams of demons with eyes as big as saucepans and bodies the size of thumbs. But mostly he has good thoughts about his girl friend. He believes that her mind has the same energy, speed and pattern of his mind even though she isn't a spiritual materialist.

The yard boy is mowing the grass around Johnny Dakota's swimming pool. Dakota is into heroin and intangible property. As he is working, the yard boy hears a big splash behind him. He looks into the swimming pool and sees a rock on the bottom of it. He finishes mowing the grass and then he gets a net and fishes the rock out. It is as big as his hand. It is grey with bubbly streaks of iron and metal running through it. The yard boy thinks it is a meteorite. It would probably still be smoldering with heat had it not landed in the swimming pool.

It is interesting but not all that interesting. The possibility of its surviving the earth's atmosphere is one tenth of one percent. Other things are more interesting than this. Nevertheless, the yard boy shows it to Johnny Dakota. Johnny Dakota might want to place it in a taped-up box in his house to prevent the air from corroding it.

Johnny Dakota looks up at the sky, then at the piece of space junk and then at the yard boy. He is a sleek, fit man. Only his eyes and his hands look old. His hands have deep ridges in them and smashed nails. He once told the yard boy that wurf der Gerechten. Teebeutel, Limonen-Schalen, leere Klopapierrollen, verwelkte Blumen. Die Müllmänner feuern ihren Lastwagen an, als ob er ein Pferd wäre. Manchmal, wenn er in seinem Zimmer liegt, träumt der Gärtnerjunge schlecht. Manchmal träumt er von Dämonen mit Augen so groß wie Kochtöpfe und Körpern so groß wie Daumen. Aber meistens denkt er voll Zufriedenheit an seine Freundin. Er glaubt, dass ihre Gedanken die gleiche Energie, Geschwindigkeit und Beschaffenheit haben wie seine, obwohl sie nicht spirituelle Materialistin ist.

Der Gärtnerjunge mäht den Rasen um Johnny Dakotas Swimming Pool herum. Dakota handelt mit Heroin und immateriellen Gütern. Während er arbeitet, hört der Gärtnerjunge hinter sich ein lautes Platschen. Er schaut in den Swimming Pool und sieht auf dem Grund einen Stein liegen. Sowie er mit Rasenmähen fertig ist, holt er ein Netz und fischt den Stein heraus. Der Stein ist so groß wie seine Faust. Der Stein ist grau und von blasigen Schichten aus Eisen und anderem Metall durchzogen. Der Gärtnerjunge hält ihn für einen Meteoriten. Er würde möglicherweise noch vor Hitze glühen, wenn er nicht im Swimming Pool gelandet wäre.

Das ist interessant, aber so interessant auch wieder nicht. Die Wahrscheinlichkeit, dass ein Meteorit den Eintritt in die Erdatmosphäre übersteht, beträgt ein zehntel Prozent. Es gibt Interessanteres. Trotzdem zeigt er den Stein Johnny Dakota. Johnny Dakota wird ihn vielleicht in einer verschlossenen Schachtel aufbewahren wollen, damit die Luft ihn nicht zersetzt.

Johnny Dakota schaut zum Himmel hinauf, dann auf das Stück Weltraum-Abfall, dann auf den Gärtnerjungen. Er ist ein gepflegter, durchtrainierter Mann. Nur seine Augen und seine Hände sehen alt aus. Seine Hände sind von Furchen durchzogen, und seine Fingernägel sind kaputt. Er hat dem his mother, whom he loved, had died from plucking a wild hair from her nose while vacationing in Calabria. His father had choked on a bread stick in a Chicago restaurant. Life is ruthless, he had told the yard boy. The darkness is always near.

Johnny Dakota usually takes his swim at this time of the morning. He is wearing his swim trunks and flip-flops. If he had been in the pool he could have been brained. Once his mother had dreamed of losing a tooth and two days later her cousin dropped dead.

Johnny Dakota is angry. Anyone could tell. His face is dark. His mouth is a thin line. He gives the yard boy two twenties and tells him to bury the rock in the back yard. He tells him not to mention this to anyone.

The yard boy takes the rock and buries it beneath a fiddleleaf fig at the north end of the house. The fig tree is distressed. It's magnetic, that's the only thing known about this rock. The fig tree is almost as upset as Johnny Dakota.

The yard boy lies in his room. His girl friend is giving him a hard time. She used to visit him in his room several nights a week but now she doesn't. He will take her out to dinner. He will spend the two twenties on a fantastic dinner.

The yard boy is disgusted with himself. The spider's web is woven in the wanting, he thinks. He has desire for his girl friend. His mind is shuttling between thoughts of the future and thoughts of the past. He is dissatisfied. He is out of touch with the sharp simplicity and wonderfulness of the moment. He looks around him. He opens his eyes

Gärtnerjungen einmal erzählt, seine Mutter, die er sehr geliebt hat, sei daran gestorben, dass sie sich ein lästiges Nasenhaar ausgezupft hat, im Urlaub in Kalabrien. Sein Vater sei in einem Restaurant in Chicago an einer Brotstange erstickt. Das Leben sei unbarmherzig, hat er dem Gärtnerjungen erklärt. Die Finsternis sei ständig nah.

Johnny Dakota geht normalerweise morgens um diese Zeit schwimmen. Er trägt eine Badehose und Gummilatschen. Wenn er im Pool gewesen wäre, wäre ihm vielleicht der Schädel eingeschlagen worden. Seine Mutter hat einmal davon geträumt, einen Zahn zu verlieren, und zwei Tage später ist ihr Cousin tot umgefallen.

Johnny Dakota ist verärgert, das ist unschwer zu erkennen. Seine Miene ist finster, seine Lippen sind ein dünner Strich. Er gibt dem Gärtnerjungen zwei Zwanziger und beauftragt ihn, den Stein hinterm Haus zu vergraben. Er verbietet ihm, mit jemandem darüber zu reden.

Der Gärtnerjunge nimmt den Stein und vergräbt ihn bei einer Geigenblatt-Feige. Der Feigenbaum ist bestürzt. Der Stein ist magnetisch, das ist das einzige, was man von ihm weiß. Der Feigenbaum ist fast so ungehalten wie Johnny Dakota.

Der Gärtnerjunge liegt in seinem Zimmer. Seine Freundin macht ihm das Leben schwer. Früher verbrachte sie mehrere Nächte in der Woche mit ihm in seinem Zimmer, aber jetzt nicht mehr. Er wird sie zum Essen einladen. Er wird die beiden Zwanziger für ein tolles Essen ausgeben.

Der Gärtnerjunge ärgert sich über sich selber. Die Spinne webt ihr Netz nicht ohne Not, denkt er. Er sehnt sich nach seiner Freundin. Seine Gedanken pendeln zwischen der Zukunft und der Vergangenheit hin und her. Der Gärtnerjunge ist unzufrieden. Er hat den Bezug zur scharfumrissenen Einfachheit und Herrlichkeit des Augenblicks verloren. Er schaut sich um. Er macht seine Augen weit wide. The yard boy's jeans are filthy. A green insect crawls in and out of the scapular feathers of the plover.

The yard boy goes downstairs. He gives the plover to his landlady. She seems delighted. She puts it on a shelf in the pantry, just above the pie plates. The landlady has white hair, a wen, and old legs that end in sneakers. She wants the yard boy to look at a plant she has just bought. It is in a big green plastic pot in the sunshine of her kitchen. Nothing is more obvious than the hidden, the yard boy thinks.

"This plant is insane," the yard boy says.

The landlady is shocked. She backs off a little from the plant which is a rabbit's-foot fern.

"It has seen something terrible," the yard boy says.

"I bought it on sale," the landlady says. "At that place where I always go."

The yard boy shakes his head. The plant waves a wrinkly leaf and drops it.

"Insane?" the landlady asks. She would like to cry. She has no family, no one.

"Mad as a hatter," the yard boy says.

The restaurant that the yard boy's girl friend chooses is not expensive. It is a fish restaurant. The plates are plastic. There is a bottle of tabasco sauce on each table. The girl friend doesn't at all like fancy food, although she doesn't mind accepting a bowl of chowder and a few glasses of wine.

A few booths over, a middle-aged couple are having an argument. They both have sunburns and wear white skirts and Haitian shirts. The auf. Die Jeans des Gärtnerjungen sind völlig verdreckt. Ein grünes Insekt kriecht auf den Schulterfedern des Kiebitz umher.

Der Gärtnerjunge geht hinunter. Er schenkt den Kiebitz seiner Vermieterin. Sie scheint sich zu freuen. Sie stellt ihn in ein Regal in der Speisekammer, direkt über die Kuchenteller. Die Vermieterin hat weiße Haare, einen Grützbeutel und alte Füße, die in Turnschuhen stecken. Der Gärtnerjunge soll sich eine Pflanze anschauen, die sie gerade gekauft hat. Sie steht in einem großen grünen Plastiktopf in der sonnigen Küche. Nichts ist so offensichtlich wie das Verborgene, denkt der Gärtnerjunge.

«Diese Pflanze ist geisteskrank», sagt der Gärtnerjunge.

Die Vermieterin ist erschrocken. Sie weicht vor der Pflanze, einem goldenen Tüpfelfarn, ein Stück zurück.

«Sie hat etwas Furchtbares gesehen», sagt der Gärtnerjunge.

«Sie war ein Sonderangebot», sagt die Vermieterin. «Ich habe sie von da, wo ich immer einkaufe.»

Der Gärtnerjunge schüttelt den Kopf. Die Pflanze schwenkt ein verschrumpeltes Blatt und lässt es fallen.

«Geisteskrank?» fragt die Vermieterin. Sie würde am liebsten losheulen. Sie hat keine Familie, niemanden.

«Vollkommen verrückt», sagt der Gärtnerjunge.

Das Restaurant, das die Freundin des Gärtnerjungen ausgesucht hat, ist nicht teuer. Es ist ein Fischrestaurant. Die Teller sind aus Plastik. Auf jedem Tisch steht eine Flasche Tabasco. Die Freundin macht sich überhaupt nichts aus ausgefallenen Speisen, dennoch hat sie nichts dagegen, sich zu einer Terrine Fischsuppe und ein paar Glas Wein einladen zu lassen.

Einige Tische weiter streitet sich ein Paar mittleren Alters. Die beiden Damen sind sonnengebräunt und tragen weiße Röcke und Hawaii-Hemden. Der Streit dreht sich argument seems to be about monograms. They are both yelling and one woman picks up a handful of oyster crackers and flings it into the other woman's face. The oyster crackers stick all over the woman's damp, sunburned face. The yard boy knows he should be satisfied with whatever situation arises but he is having a little difficulty with his enlightenment.

The yard boy's girl friend is not talking to him. She has not been talking to him for days actually.

The woman that has been hit with the handful of oyster crackers walks past, an oyster cracker bobbing on her widow's peak.

The yard boy miserably eats his pompano. When they are finished, his girl friend goes to the cashier for some toothpicks. While she is gone, another girl comes up with a baby.

"Would you watch my baby for me while I go to the ladies'?" she asks.

The yard boy holds the baby. The girl leaves. The yard boy's girl friend returns. They don't talk about the baby or anything. The girl friend sighs and crosses her legs. An hour passes. The restaurant is about to close. The yard boy and his girl friend and the baby are the last patrons. There is no one in the ladies'. The yard boy calls the manager and the manager calls the police. The baby chortles and spits up a little, not much. The police let the girl friend go first, and a few hours later they let the yard boy go.

The yard boy gets into his truck and drives off.

Life and the world are merely the dance of illusion, the yard boy thinks. He smells baby on his sweater.

The yard boy's landlady has put her rabbit's-foot

anscheinend um Monogramme. Sie schreien sich an, und eine Frau nimmt eine Handvoll Austernkekse und schleudert sie der anderen Frau ins Gesicht. Die Austerkekse kleben überall an dem feuchten, sonnengebräunten Gesicht der Frau fest. Der Gärtnerjunge weiß, er sollte sich in jeder Situation, die sich ergibt, zurechtfinden, aber er hat ein kleines Problem mit seiner Erleuchtung.

Die Freundin des Gärtnerjungen spricht nicht mit ihm. Genaugenommen hat sie seit Tagen nicht mit ihm gesprochen.

Die Frau, die mit der Handvoll Austernkekse beworfen worden ist, geht vorbei, ein Austernkeks tanzt auf ihrer hochgetürmten Frisur auf und ab.

Der Gärtnerjunge isst niedergeschlagen seine Makrele. Nach dem Essen geht seine Freundin zur Theke, um Zahnstocher zu holen. Während sie weg ist, kommt ein Mädchen mit einem Baby zu ihm.

«Könntest du auf mein Baby aufpassen, während ich mal ‹für Damen› gehe?» fragt sie.

Der Gärtnerjunge nimmt das Baby. Das Mädchen geht weg. Die Freundin des Gärtnerjungen kommt zurück. Sie reden weder über das Baby noch über etwas anderes. Eine Stunde vergeht. Das Restaurant wird gleich schließen. Der Gärtnerjunge, seine Freundin und das Baby sind die letzten Gäste. In der Damentoilette ist niemand. Der Gärtnerjunge ruft den Geschäftsführer, und der Geschäftsführer ruft die Polizei. Das Baby macht ein glucksendes Geräusch und sabbert ein wenig, nicht viel. Die Polizei lässt die Freundin zuerst gehen, und ein paar Stunden später lassen sie den Gärtnerjungen gehen.

Der Gärtnerjunge steigt in seinen Lieferwagen und fährt weg.

Das Leben und die Welt sind lediglich Trugbilder, denkt der Gärtnerjunge. Sein Pullover riecht nach Baby.

Die Vermieterin hat ihren Tüpfelfarn draußen neben die

fern out by the garbage cans. The yard boy picks it up and puts it in the cab of his truck. It goes wherever he goes now.

The yard boy gets a note from his girl friend. it says:

> My ego is too healthy for real involvement with you. I don't like you. Good-by. Alyce

The yard boy works for Mr Crown who is an illustrator. Mr Crown lives in a fine house on the bay. Across the street, someone is building an even finer house on the Gulf. Mr Crown was once the most renowned illustrator of Western art in the country. In his studio he has George Custer's jacket. Sometimes the yard boy poses for Mr Crown. The year before, a gentleman in Cody, Wyoming, bought Mr Crown's painting of an Indian who was the yard boy for fifty thousand dollars. This year, however, Mr Crown is not doing so well. He has been reduced to illustrating children's books. His star is falling. Also, the construction across the street infuriates him. The new house will block off his view of the sun as the sun slides daily into the water.

Mr Crown's publishers have told him that they are not interested in cowboys. There have been too many cowboys for too long.

The yard boy is spraying against scale and sooty mold.

"I don't need the money but I am insulted," Mr Crown tells the yard boy.

Mr Crown goes back into the house. The yard boy seeds some rye on the lawn's bare spots and then takes a break to get a drink of water. He sits in the cab of his truck and drinks from a plastic jug. He

Mülltonne gestellt. Der Gärtnerjunge nimmt ihn und stellt ihn in die Fahrerkabine seines Wagens. Die Pflanze begleitet ihn von nun an überall hin.

Der Gärtnerjunge bekommt eine Nachricht von seiner Freundin. Sie lautet:

Mein Ego ist zu gesund, um sich wirklich mit Dir einzulassen. Ich mag Dich nicht. Lebwohl. Alyce

Der Gärtnerjunge arbeitet für Herrn Crown, einen Maler. Herr Crown lebt in einem schönen Haus an der Bucht. Gegenüber baut jemand ein noch schöneres Haus an der Golfküste. Herr Crown war einmal der berühmteste Western-Kunst-Maler im ganzen Land. In seinem Atelier hängt die Jacke von George Custer. Manchmal steht der Gärtnerjunge Herrn Crown Modell. Letztes Jahr hat ein Mann aus Cody, Wyoming für fünfzigtausend Dollar ein Bild von Herrn Crown gekauft, das den Gärtnerjungen als Indianer darstellte. Dieses Jahr laufen die Geschäfte von Herrn Crown nicht so gut. Er muss sich darauf beschränken, Kinderbücher zu illustrieren. Es geht mit seiner Karriere bergab. Außerdem bringt ihn die Baustelle gegenüber zur Raserei. Das neue Haus wird seinen Blick auf die Sonne versperren, wenn sie abends im Meer versinkt.

Herrn Crowns Verleger haben ihm mitgeteilt, dass sie an Cowboys nicht interessiert sind. Es hat zu lange zu viele Cowboys gegeben.

Der Gärtnerjunge spritzt gegen Schildläuse und Schwarzschimmel.

«Ich brauche das Geld nicht, aber es verletzt mich», erzählt Herr Crown dem Gärtnerjungen.

Herr Crown geht zurück ins Haus. Der Gärtnerjunge sät Roggen in die kahlen Stellen des Rasens ein und macht dann eine Pause, um einen Schluck Wasser zu trinken. Er setzt sich in die Fahrerkabine seines Wagens und trinkt aus sprinkles some water on the rabbit's-foot fern. The fern sits there on the seat, dribbling a little vermiculite, crazy as hell.

The fern and the yard boy sit.

It is not a peaceful spot to sit. The racket of the construction on the Gulf is considerable. Nonetheless, the yard boy swallows his water and attempts to dwell upon the dignity and simplicity of the moment.

Then there is the sound of gunfire. The yard boy cranes his neck out of the window of his pickup truck and sees Mr Crown firing from his studio at the workers across the street. It takes the workers several moments to realize that they are being shot at. The bullets make big mealy holes in the concrete. The bullets whine through the windows that will exhibit the sunset. The workers all give a howl and try to find cover. The yard boy curls up behind the wheel of his truck. The little rushy brown hairs on the fern's stalks stick straight out.

A few minutes later the firing stops. Mr Crown goes back to the drawing board. No one is hurt. Mr Crown is arrested and posts twenty-five thousand dollars bond. Charges are later dropped. The house across the street is built. Still, Mr Crown seems calmer now. He gives up illustrating. When he wants to look at something, he looks at the bay. He tells the yard boy he is putting sunsets behind him.

The yard boy and the rabbit's-foot fern drive from lawn to lawn in the course of their days, the fern tipping forward a little in its green pot, the wind folding back its leaves. In the wind, its leaves curl back like the lips of a Doberman pinscher.

einem Plastikkrug. Er besprengt den Tüpfelfarn mit etwas Wasser. Der Farn steht auf der Sitzbank und sondert ein bisschen Wurmstein ab, total wahnsinnig.

Der Farn und der Gärtnerjunge sitzen herum.

Es ist dort nicht gerade friedlich. Der Lärm der Baustelle an der Golfküste ist beträchtlich. Trotzdem trinkt der Gärtnerjunge sein Wasser aus und versucht, über die Würde und Einfachheit des Augenblicks zu sinnieren.

Dann sind Schüsse zu hören. Der Gärtnerjunge steckt den Kopf aus dem Fenster des Lieferwagens und sieht Herrn Crown von seinem Atelier aus auf die Bauarbeiter gegenüber schießen. Die Bauarbeiter brauchen eine Weile, bis sie begreifen, dass auf sie geschossen wird. Die Kugeln schlagen große staubige Löcher in den Beton. Die Kugeln pfeifen durch die Fenster, von denen aus der Sonnenuntergang zu sehen sein wird. Die Arbeiter schreien alle durcheinander und versuchen in Deckung zu gehen. Der Gärtnerjunge kauert sich hinter das Lenkrad seines Wagens. Die kleinen braunen binsenartigen Haare auf den Stengeln des Farns richten sich auf.

Nach ein paar Minuten wird das Feuer eingestellt. Herr Crown kehrt an seinen Zeichentisch zurück. Niemand ist verletzt. Herr Crown wird verhaftet und hinterlegt fünfundzwanzigtausend Dollar Kaution. Das Verfahren wird später eingestellt. Das Haus gegenüber wird gebaut. Immerhin, Herr Crown scheint ruhiger geworden zu sein. Er arbeitet nicht mehr. Wenn er sich etwas anschauen will, schaut er sich die Bucht an. Er sagt dem Gärtnerjungen, Sonnenuntergänge seien kein Thema mehr für ihn.

Der Gärtnerjunge und der Tüpfelfarn fahren im Laufe des Tages von Garten zu Garten, der Farn lehnt sich in seinem Topf ein bisschen nach vorne, der Wind biegt seine Blätter nach hinten. Im Fahrtwind kräuseln sich die Blätter wie die Lippen eines Dobermann-Pinschers.

The yard boy sees things in the course of his work that he wouldn't dream of telling the fern even though the fern is his only confidant. The fern has a lot of space around it in which anything can happen but it doesn't have much of an emotional life because it is insane. Therefore, it makes a good confidant.

The yard boy has always been open. He has always let be and disowned. Nevertheless, he has lost the spontaneity of his awakened state. He is sad. He can feel it. The fern can feel it too which makes it gloomier than ever. Even so, the fern has grown quite fond of the yard boy. It wants to help him any way it can.

The yard boy doesn't rent a room any more. He lives in his truck. Then he sells his truck. He and the rabbit's-foot fern sit on the beach. The fern lives in the shade of the yard boy. The yard boy doesn't live in the Now at all any more. He lives in the past. He thinks of his childhood. As a child he had a comic-book-collection high of three hundred and seventy-four with perfect covers. His parents had loved him. His parents had another son whom they loved too. One morning this son had fallen out of a tree onto the driveway and played with nothing but a spoon and saucepan for the next twenty-five years. When the yard boy has lived in the past as much as is reliable, he lives in the future. It is while he is living in the future that his girl friend walks by on the beach. She is walking by in a long wet T-shirt that says I'M NOT A TOURIST I LIVE HERE. The rabbit's-foot fern alerts the yard boy and they both stare at her as she walks by.

It is a beautiful day. The water is a smooth green, broken occasionally by porpoises rising. Be-

Der Gärtnerjunge sieht im Laufe seines Arbeitstages manches, was er unter gar keinen Umständen dem Farn erzählen würde, obwohl der Farn sein einziger Vertrauter ist. Um den Farn herum ist viel Raum, in dem alles mögliche passieren kann, aber sein Gefühlsleben ist nicht sehr ausgeprägt, weil er geisteskrank ist. Gerade das macht ihn zu einem guten Vertrauten.

Der Gärtnerjunge war immer nach allen Seiten offen. Für ihn hieß es immer: Geschehen lassen und sich heraushalten. Trotzdem hat er die Ungezwungenheit des Erwachtseins verloren. Er ist traurig. Er spürt es deutlich. Der Farn spürt es auch und ist deshalb so niedergeschlagen wie noch nie. Dennoch mag der Farn den Gärtnerjungen inzwischen recht gern. Er will alles tun, um ihm zu helfen.

Der Gärtnerjunge mietet sich kein Zimmer mehr. Er wohnt in seinem Wagen. Dann verkauft er seinen Wagen. Er und der Tüpfelfarn sitzen am Strand. Der Farn lebt im Schatten des Gärtnerjungen. Der Gärtnerjunge lebt überhaupt nicht mehr im Jetzt. Er lebt in der Vergangenheit. Er denkt an seine Kindheit. Als Kind besaß er eine Comic-Heft-Sammlung von dreihundertfünfundsiebzig Stück mit tadellosen Umschlägen. Seine Eltern haben ihn geliebt. Seine Eltern hatten noch einen Sohn, den sie auch liebten. Eines Morgens war dieser Sohn von einem Baum auf die Einfahrt gefallen und hatte die nächsten fünfundzwanzig Jahre lang nur noch mit einem Löffel und einem Kochtopf gespielt. Der Gärtnerjunge lebt, solange darauf Verlass ist, in der Vergangenheit. Danach lebt er in der Zukunft. Er lebt gerade in der Zukunft, da geht seine Freundin am Strand vorbei. Sie geht in einem langen nassen T-Shirt vorbei, auf dem steht: ICH BIN KEIN TOURIST ICH WOHNE HIER. Der Tüpfelfarn macht den Gärtnerjungen auf sie aufmerksam, sie geht vorbei, und beide schauen ihr nach.

Es ist ein wunderschöner Tag. Das Wasser bildet eine glatte grüne Fläche, gelegentlich von auftauchenden Tümmlern tween the yard boy and his girl friend is sand a little less white than the clouds. Behind the yard boy are plantings of cabbage palms and succulents and Spanish bayonets. The bayonets are harsh and green with spikes that end in black tips like stilettos.

Act but do not rely upon one's own abilities, thinks the yard boy. He chews upon his nails. The moon can shine in one hundred different bowls, he thinks. What a lot of junk the yard boy thinks. He is as lost in the darkness of his solid thoughts as a yard boy can be. He watches his girl friend angrily as she boogies by.

The rabbit's-foot fern brightens at the yard boy's true annoyance. Its fuzzy long-haired rhizomes clutch its pot tightly. The space around it simmers, it bubbles. Each cell mobilizes its intent of skillful and creative action. It turns its leaves toward the Spanish bayonet. It straightens and sways. Straightens and sways. A moment passes. The message of retribution is received along the heated air. The yard boy sees the Spanish bayonet uproot itself and move out.

durchbrochen. Der Sand zwischen dem Gärtnerjungen und seiner Freundin ist nicht ganz so weiß wie die Wolken. Hinter dem Gärtnerjungen sind Kohlpalmen, Fettpflanzen und Drachenbäume angepflanzt. Die Blätter des Drachenbaums sind rauh und grün und haben Dornen, die schwarz und spitz enden, wie Pfennigabsätze.

Handle aber verlass dich nicht auf deine eigenen Fähigkeiten, denkt der Gärtnerjunge. Er kaut an seinen Nägeln. Der Mond scheint in hundert verschiedene Zimmer zugleich. So viel unnützes Zeug, denkt der Gärtnerjunge. Er ist im Dunkel seiner ernsthaften Gedanken so sehr versunken, wie es ein Gärtnerjunge sein kann. Seine Freundin schlendert vorbei, und er sieht ihr wütend nach.

Der Tüpfelfarn ist über die echte Verdrossenheit des Gärtnerjungen sichtlich erfreut. Seine langhaarigen Wurzeln klammern sich fest an seinen Topf. Der Raum um ihn her um kocht und brodelt. Jede seiner Zellen konzentriert ihre Anstrengung darauf, geschickt und erfinderisch zu handeln. Der Farn dreht seine Blätter zum Drachenbaum. Er streckt sich aus und wiegt sich hin und her. Ordnen und herrschen. Ein Augenblick verstreicht. Die erhitzte Luft verbreitet die Botschaft von Vergeltung. Der Gärtnerjunge sieht, wie sich der Drachenbaum selber entwurzelt und davonmacht.

Copyright-Nachweise

Before trying the accusation, Captain Vere would first practically test the accuser; and he thought this could be done in a quiet, undemonstrative way.

The measure he determined upon involved a shifting of the scene, a transfer to a place less exposed to observation than the broad quarter-deck. For although the few gun-room officers there at the time had, in due observance of naval etiquette, withdrawn to leeward the moment Captain Vere had begun his promenade on the deck's weather side; and though during the colloquy with Claggart they of course ventured not to diminish the distance; and though throughout the interview Captain Vere's voice was far from high, and Claggart's silvery and low; and the wind in the cordage and the wash of the sea helped the more to put them beyond earshot; nevertheless, the interview's continuance already had attracted observation from some topmen aloft and other sailors in the waist or further forward.

Having determined upon his measures, Captain Vere forthwith took action. Abruptly turning to Claggart, he asked, "Master-at-arms, is it now Budd's watch aloft?"

Auf den letzten Seiten dieses modernen Buches möchten wir die Leser auf ein klassisches aufmerksam machen, eine der großen Erzählungen der amerikanischen und der Welt-Literatur:
Herman Melville: Billy Budd, Sailor. An Inside Narrative – Billy Budd, Seemann. Innenansichten einer Geschichte – dtv 9344. Übersetzung von Hella Leicht.
Anspruchsvoll. Hochkarätig. (Thomas Mann: « Mein Gott, das möchte ich geschrieben haben! »)

Bevor er die Anschuldigung untersuchte, wollte Kapitän Vere erst einmal den Anschuldiger an der Wirklichkeit messen, und er dachte, dass dies in einer ruhigen, unauffälligen Weise geschehen könne.

Die Maßnahme, zu der er sich entschloss, umfasste einen Wechsel des Schauplatzes, die Verlegung an einen Ort, welcher der Beobachtung nicht so ausgesetzt war wie das breite Quarterdeck. Denn obgleich die wenigen Herren der Offiziersmesse, die zu dieser Zeit dort anwesend waren, sich in gebührender Beachtung der Marine-Etikette nach Lee zurückgezogen hatten, sobald Kapitän Vere seinen Spaziergang auf der Luvseite des Decks begonnen hatte, und obgleich sie natürlich während seiner Unterhaltung mit Claggart nicht wagten, die Entfernung zu verringern, und obgleich Kapitän Veres Stimme während des Gesprächs durchaus nicht laut und Claggarts silbrig und leise war und der Wind im Tauwerk und der Wellenschlag des Meeres noch dazu beitrugen, dass sie außer Hörweite waren, hatte dennoch bereits die Dauer des Gesprächs die Aufmerksamkeit einiger Toppmänner in der Höhe und anderer Seeleute auf dem Mitteldeck oder weiter vorn erregt.

Nachdem er sich zu seinen Maßnahmen entschlossen hatte, handelte Kapitän Vere sogleich. Er wandte sich unversehens zu Claggart um und fragte: « Waffenmeister, hat Budd jetzt oben Wache? »

"No, your honor."
Whereupon, "Mr Wilkes!" summoning the nearest midshipman. "Tell Albert to come to me." Albert was the captain's hammock-boy, a sort of sea valet in whose discretion and fidelity his master had much confidence. The lad appeared.
"You know Budd, the foretopman?"
"I do, sir."
"Go find him. It is his watch off. Manage to tell him out of earshot that he is wanted aft. Contrive it that he speaks to nobody. And not till you get well aft here let him know that the place where he is wanted is my cabin. You understand. Go. – Master-at-arms, show yourself on the decks below, and when you think it time for Albert to be coming with his man, stand by quietly to follow the sailor in."

Now when the foretopman found himself in the cabin, closeted there, as it were, with the captain and Claggart, he was surprised enough. But it was a surprise unaccompanied by apprehension or distrust. To an immature nature essentially honest and humane, forewarning intimations of subtler danger from one's kind come tardily if at all. The only thing that took shape in the young sailor's mind was this: Yes, the captain, I have always thought, looks kindly upon me. Wonder if he's going to make me his coxswain. I should like that. And may be now he is going to ask the master-at-arms about me.
"Shut the door there, sentry," said the commander; "stand without, and let nobody come in. – Now, Master-at-arms, tell this man to his face what you told of him to me."

«Nein, Euer Ehren.»

Daraufhin: «Mr Wilkes!» Damit rief er den zunächst stehenden Fähnrich heran. «Sagen Sie Albert, er soll zu mir kommen.» Albert war der Kajütsjunge des Kapitäns, eine Art Kammerdiener zur See, auf dessen Verschwiegenheit und Treue sein Herr sich fest verließ. Der Junge erschien.

«Du kennst Budd, den Vortoppmann?»

«Ja, Sir.»

«Such ihn auf. Er hat keinen Dienst. Richte es so ein, dass du ihm außer Hörweite der anderen sagst, er werde achtern benötigt. Sorge dafür, dass er mit keinem anderen redet. Und erst wenn du hier achtern bist, lass ihn wissen, dass der Ort, wo er benötigt wird, meine Kajüte ist. Du verstehst. Geh. – Waffenmeister, zeigen Sie sich auf den unteren Decks, und wenn Sie meinen, dass es so weit ist, dass Albert mit seinem Mann kommt, halten Sie sich still bereit und folgen dem Seemann hinein.»

Als sich nun der Vortoppmann in der Kajüte wiederfand, wie zum geheimen Gespräch mit dem Kapitän und Claggart, war er recht überrascht. Aber es war eine Überraschung, die nicht mit Besorgnis oder Misstrauen einherging. Bei einer unausgereiften Natur, die ihrem Wesen nach ehrlich und menschenfreundlich ist, machen sich warnende Anzeichen, dass heimtückische Gefahr von Artgenossen droht, spät – wenn überhaupt – bemerkbar. Das einzige, was im Geist des jungen Seemannes Form annahm, war dies: Ja, ich habe immer schon gedacht, dass der Kapitän mich freundlich ansieht. Ob er mich wohl zu seinem Bootsführer machen wird? Das würde mir gefallen. Und vielleicht will er jetzt den Waffenmeister über mich befragen.

«Wache, schließen Sie die Tür», sagte der Kommandant; «nehmen Sie draußen Aufstellung und lassen Sie niemanden herein. – Waffenmeister, jetzt sagen Sie diesem Mann ins Gesicht, was Sie über ihn zu mir gesagt haben.»

Fremdsprachen lernen und Literatur lesen – das kann man mit Hilfe der zweisprachigen Reihe des dtv. Auch wer Zeitungen, Fachbücher und Krimis ohne Schwierigkeiten im Original liest, profitiert – bei Literatur – vom Paralleldruck. Selbst wenn er nicht mit jedem Vorschlag der Übersetzer einverstanden ist. (Vielleicht gerade dann; ganz abgesehen von Fehlern, die bei den versiertesten Übersetzern vorkommen und die aufzuspießen ein höheres Vergnügen ist.)

Ein aktuelles Verzeichnis der Reihe dtv zweisprachig kann beim Verlag angefordert werden.

Deutscher Taschenbuch Verlag
Friedrichstraße 1a, 80801 München